蔦屋重三郎 仕事の軌跡

Art of 蔦重

車 浮代
Kuruma Ukiyo

笠間書院

はじめに

初めて「蔦屋重三郎」の存在を知ったのは、私が本格的に浮世絵に興味を持った、三十数年前のことでした。当時、大阪の総合印刷会社でアートディレクターをしていた私は、クライアントの美術館が開催した『大浮世絵展』で、東京から招いた摺師の方の実演を拝見し、粋な言葉遣いや多色摺の技術、現代とリンクする出版システムに感銘を受けました。

興味を持って調べ始めると、江戸時代の錦絵（多色摺浮世絵版画）制作は版元の企画によるもので、版元が絵師、彫師、摺師を指名し、製本し、店頭で販売することを知りました。版元とはいわば出版社＋書店で、その中でも突出した存在だったのが、蔦重こと蔦屋重三郎だったのです。

江戸時代に1200人いたとされる全浮世絵師中、浮世絵師四天王と呼ばれる喜多川歌麿、東洲斎写楽、葛飾北斎、歌川広重のうち、売れない絵師だった歌麿を再デビューさせて有名にし、ゼロから手がけた写楽で話題をさらい、売れなくてもがいていた北斎に手を差し伸べています（広重は蔦重の亡くなった年に生まれているので、直接の関わりがありません）。

絵師だけではなく、作家においても、十返舎一九と曲亭馬琴を育て、朋誠堂喜三二、恋川春町、大田南畝ら、狂歌が趣味の武士たちにベストセラーを書かせ、絵師だった山東京伝を人気作家に仕立て……と、綺羅星の如く、クリエイターたちを輩出したのです。

本書は、蔦重がプロデュースした、名作の作品集です。有名な浮世絵や狂歌絵本の美麗な挿絵を楽しみつつ、わかりやすい解説で、鑑賞のポイントもつかめるようになっています。

第一章では蔦重の生い立ちから、若き日の蔦重がどのようにチャンスをつかみ、それを生かし、廃れかけていた地元・吉原遊廓をV字回復させ、版元としての基盤を築いたか。

第二章では、黄表紙の誕生から、戯作に至る流れを。

第三章では、狂歌師たちとの交流から人脈作り、狂歌絵本の絵師としての歌麿の売り出しを。

第四章では、田沼意次の商業主義の時代から、松平定信による「寛政の改革」に時代が移り、筆禍に遭った戯作者たちの作品と経緯を。

第五章では歌麿の美人大首絵を中心に、写楽にスイッチするまでの経緯を。

第六章では蔦重が役者絵に参入する背景と、謎の絵師写楽の四期に渡る作品紹介を。

第七章では、蔦重が蒔いた種が没後どう実り、どのような名作が生まれたか。

このように本書は、蔦重の人生をたどりつつ、ターニングポイントとなった作品を掲載。さらには蔦重がどのように時流に乗り、コネクションを築いたか。絵師・作家の才能をうまく引き出す企画を立てて、ヒットを生み出してきたか。その戦略的視点がわかるような流れを作っています。

本書を片手に、2025年の大河ドラマをご覧いただければ、作品への理解が深まること間違いなしの一冊です。

二〇二四年十二月吉日

車 浮代

目次

はじめに …… 002

第一章 仕事人としての蔦重 …… 007
一目千本 …… 015
明月余情 …… 019
青楼美人合姿鏡 …… 023
富本節と往来物 …… 030
画本東都遊 …… 033

第二章 戯作・黄表紙 …… 037
吉原大通会 …… 038
金々先生栄花夢 …… 042
大通人好記 …… 044
江戸生艶気樺焼と箱入娘面屋人魚 …… 046

第三章 狂歌連との交流から狂歌絵本の刊行へ …… 049
吾妻曲狂歌文庫と古今狂歌袋 …… 050
江戸爵 …… 053
画本虫ゑらみ …… 056

潮干のつと……062
百千鳥……066

第四章
公権力からの圧力のあった時期……069
文武二道万石通……070
鸚鵡返文武二道……073
仕懸文庫と青楼昼之世界・錦之裏と娼妓絹籭……075

第五章
喜多川歌麿の大成……079
青楼俄女芸者部……080
歌まくら……083
婦人相学十躰……088
歌撰戀之部……091
当時(寛政)三美人……094
青楼十二時……097

第六章
役者絵から写楽へ……101
二代目瀬川菊之丞の勘平女ぼうお軽と初代市村亀蔵の不破の伴左衛門……102
東扇中村仲蔵の斧定九郎……104
三代目大谷鬼次の江戸兵衛と市川鰕蔵の竹村定之進……106

三代目大谷鬼次の川島治部五郎と
三代目市川高麗蔵の亀屋忠兵衛と
初代中山富三郎の新町の傾城梅川…………111
「とら屋虎丸」二代目嵐龍蔵の奴なみ平と
大童山文五郎の土俵入り…………0114
三代目市川八百蔵の曾我の十郎祐成…………117

第七章
蔦重没後の展開…………121
椿説弓張月…………122
南総里見八犬伝…………124
冨嶽三十六景…………126
東海道中膝栗毛…………129

主な参考文献…………131

第一章

仕事人としての蔦重

江戸天明期の文化を先導した版元・蔦屋重三郎《つたやじゅうざぶろう》（1750～1797／以下・蔦重）の生い立ちは、誠《じょう》向山《こうざん》 正法寺《しょうぼうじ》（台東区東浅草1丁目1ノ15）の石碑に詳しい。全文の翻刻《ほんこく》はこうである。

喜多川柯理墓碣銘

喜多川柯理本姓丸山称蔦屋重三郎　父重
助母広瀬氏　寛延三年庚午正月初七日
生柯理於江戸吉原里　幼為喜多川氏所養
為人志気英邁　不修細節　接人以信　嘗
於倡門外聞一書舗　後移居油街　乃迎父
母奉養焉　父母相継而歿　柯理恢廓産業
一倣陶朱之殖　其巧思妙算　非他人所能
及也　遂為一大賈　丙辰秋得重瘤彌月危
篤　寛政丁巳夏五月初六日謂人日　吾亡
期在午時　困処置家事訣別妻女　而至
午時笑又日　場上未撃柝何共晩也　言畢
不再言　至夕而死　歳四十八　葬山谷正
法精舎　予居相隔十里　聞此訃音心怵神
驚　豈不悲痛哉　吁予霽壌問一罪人　餘命
惟怙知己之恩遇而已　今既如此　嗚呼命哉
銘日
　人間常行　載在稗史
　通邑大都　孰不知子
石川雅望
大田南畝

実母顕彰の碑文

広瀬氏者書肆耕書堂母也　諱津与江戸人
帰尾陽人丸山氏　生柯理而出　柯理幼冒
喜多川氏称蔦　屋重三郎　其居近倡門
天明三年癸卯九月移居城東通油町而開一
書肆　競刻快書大行　都下之好　稗史者
皆称耕書堂　寛政四年壬子十月廿六日広
瀬氏病死葬城北山谷正法寺　癸丑二月柯
理來請日　小人七歳離母而復合以有今日
願得片言志於墓以報劬労　予日吾見人破
産而入曲中者矣未開出曲　中而起業者也
子之志不渝則蓋足以親母氏之遺教矣　銘
日小説九百母徳可摘　寛政癸丑莫春南畝
子題

最初の『喜多川柯理（蔦重のこと）墓碣銘』は、蔦重の狂歌の師である宿屋飯盛《やどやのめしもり》（石川雅望《まさもち》）によるもので、『実母顕彰の碑文』は大田南畝《おおたなんぽ》が書いている。実は書かれた順序が逆で、蔦重の母が亡くなったとき、蔦重が大田南畝に碑文を依頼したのだが、自身はその二年後に没している。

一族の墓は関東大震災と戦火によって焼失したが、碑文の控えが残っていたため、石碑に刻み、墓石も復刻された（写真右奥が墓石。左から三番目が蔦重）。

これらの碑文から読み取れるのは、蔦重は寛延三年一月七日、吉原遊廓（東京都台東区千束4丁目）の中で生まれ、幼名は「丸山柯理」であったこと（「柯理」という名前は「からまる」と読むという説が有力である）。

父の名は尾張（愛知県西部）出身の丸山重助《じゅうすけ》。母は江戸生まれで、旧姓を広瀬津与《つよ》と言った。蔦重が数え七歳の時に両親が離婚し、蔦重を残して吉原から出て行ったため、喜多川氏の養子となった。

喜多川氏とは、吉原のメインストリートである仲《なか》之町《のちょう》で、引手茶屋《ひきてぢゃや》を経営していた蔦屋本家のことだと思われる。

蔦重の両親の職業は不明であるが、息子を託したぐらいだから、この店の使用人であった可能性が高い。蔦重が後に成功して、日本橋通油町《とおりあぶらちょう》に『蔦屋耕書堂』を構えた際、両親を呼び寄せて共に暮らしていることから、音信不通ではなかったようである。

喜多川柯理墓碣銘　（墓碣《ぼけつ》　円柱の石碑の意）　（翻訳）

喜多川柯理《からまる》本性（生家の苗字）丸山、蔦屋重三郎と称する。父は重助、母は広瀬氏。寛延三年庚午一月七日江戸吉原の里に生まれる。幼くして喜多川氏の養子となる。その人となりは志、人格、才知が殊に優れ、小さな事を気にもせず、人には信順をもって接した。吉原大門の外に一軒の書店を開き、後に通油町に移転、父母を迎えて厚く養ったが、その父母も相次いで亡くなった。柯理は廓（吉原）の産業を盛んにして自らも一廉の財をなした。その巧思妙算（発想力や人を結びつける力と世事物事を見通す計算高さ）は他の及ぶところなく頭抜けていて、ついに耕書堂という大店を成すこととなった。丙辰の年の秋に重病を得て一ヶ月後危篤となる。寛政丁巳の年の夏、五月六日にこう言った「私は今日の昼時には死ぬよ」身の回りの始末をし妻と別れの言葉を交わし、昼時になり笑ってまた言った「自分の人生は終わったはずなんだが（芝居の終演に鳴らす）拍子木がならない。ずいぶん遅いな。」言い終わった後はもう言葉を発することはなく夕刻になって亡くなった。齢四十八歳。山谷の正法精舎（当山正法寺）に葬られた。自分は十里を離れたところに居てこの訃報を聞き畏れの心と共に心底驚いた。まさに悲痛の極みである。まあでも私はただの嚢壌間の一罪人に過ぎない、ちっぽけな余生を君と知り合うことのできた恩遇と共に過ごすことにしよう、今はこんな気持ちである。ああ命の儚さよ。

銘曰
人間常行　載在稗史
通邑大都　孰不知子

石川雅望
大田南畝

（人の習慣を　民間の歴史書に記しておくのは大都市で暮らしていると　いずれ子孫に知られなくなるからだ）

母顕彰の碑文　（翻訳）

広瀬氏は本屋耕書堂（蔦屋重三郎）の母、諱（いみな）は津与、江戸の人である。尾陽の人丸山氏に嫁ぎ柯理（からまる、蔦屋重三郎）を生みのち離縁する。柯理は幼くして喜多川氏の養子となり蔦屋重三郎と称する。その住まいは吉原大門のそばにあった。天明三年癸卯の年九月に城東の通油町に居を移し書店を開く。商売を競って優れた本を次々に出版し大いに繁盛、江戸の言い伝えでは皆その店を耕書堂と呼んだという。寛政四年壬子の年十月二十六日、広瀬氏病死し城北の山谷正法寺に葬られた。癸丑の年二月、柯理が来て言うには「私は七歳で母と別れさみしい思いをしたが後に再会し一緒に暮らすことができて今の自分がある。願わくば片言の言葉を墓に捧げてその苦労に報いてやりたい。」私はこう言った「あなたは（寛政の改革による弾圧で）破産し獄中にもあった、なのにそんな逆境を乗り越え起業を成した。そんな人物が他にいるだろうか。子のすべき行いとは、母の遺した教えを変えることなく大切にし努力することである（だから蔦屋重三郎は成功したのだろう）」
銘曰小説九百母徳可摘（小さくとも九百もの言葉をもって母の徳を摘むべし）
寛政癸丑暮春　南畝　子題

訳：正法寺住職 佐野詮修

蔦重は店の手伝いなどをしながら成長し、安永元（1772）年、二十二歳の時に、吉原遊郭に続く五十間道《ごじゅっけんみち》の、大門《おおもん》の近くにあった、義兄の蔦屋次郎兵衛の店先を借り、貸本屋を始めた。場所柄、主に好色本の小売やレンタルを行っていたようだが、吉原の案内所役も兼ねていて、鱗形屋《うろこがたや》孫兵衛《まごべえ》が発行する『吉原細見《さいけん》』の小売業も行なっていた。

『吉原細見』は、吉原遊廓内の地図や名称、遊女屋ごとにいる遊女の地位と名、茶屋や男女の芸者の名、紋日《もんび》などを記したガイドブック。吉原は幕府公認の遊郭であったため、観光目的で「江戸に来たら吉原は見ておきたい」と考える客が多く、無条件に売れる細見は打出の小槌であった。

ゆえに鱗形屋は改訂をせず、古い情報のまま出し続けた結果、細見の信用は失墜した。立て直しを図った鱗形屋は、吉原を知り尽くしている蔦重に「改め（編集長）」になってくれるよう頼んだ。

蔦重は細見の信用を上げるために、情報を精査して正すと共に、ある仕掛けをした。細見の序文を、当時人気の浄瑠璃作家・福内鬼外《ふくうちきがい》に頼んだのだ。これが風来山人《ふうらいさんじん》こと平賀源内のペンネームであることは誰もが知っており、人々は有名人であり、衆道《しゅどう》（男色《なんしょく》）家の源内がなぜ女色《にょしょく》どころの吉原の推薦文を書くのかと話題になった。

こうして見事『吉原細見』のイメージアップに成功した蔦重は、安永三（1774）年五月に鱗形屋の手代が無許可で大阪の版元から出版された『早引節用集』を改題して出版したとして咎めを受け、ダメージを受けたのと入れ替わるように細見株を手中に収め、自身の『蔦屋耕書』から細見を売り出した。

一、一ページに見世を並べて紹介していたものを、紙面サイズを大きくし、仲之町を中心として、上下にらみ合いで見世を掲載し、ページ数を減らすと共に、地図の

役割を果たすようにした。

二、ページ数が減った分、木版印刷代や紙代が節約でき、鱗形屋の細見より、安い値段がつけられた。

三、巻末に広告を打った。今では当たり前の次号予告や蔵書目録も、蔦重が始めたとされている。

四、カラー刷りの美しい外袋を付け、それを粋人通人《すいじんつうじん》と呼ばれる人たちに、人目に触れるよう持ち歩かせ、市井の人々の興味をひいた。袋の中には、最新情報が詰め込まれた細見が入っている、という仕掛けである。

翌正月には鱗形屋も細見を復活させたが、蔦屋版の圧倒的なリサーチ力と使い易さに追いつけず、九年後の天明三（１７８３）年には蔦屋の独占販売となった。

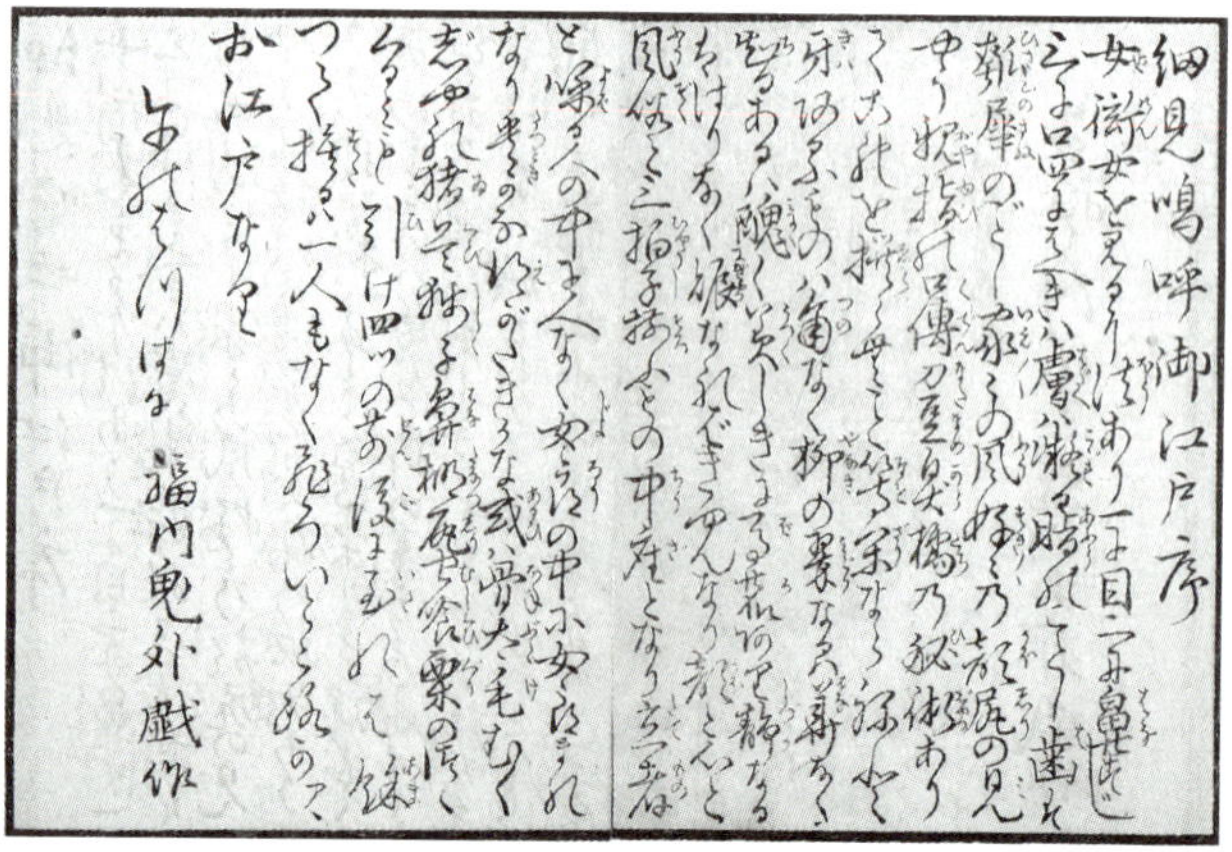
細見鳴呼御江戸序
福内鬼外戯作

『風来六々部集 2編4巻』（平賀源内／1780年／同志社大学所蔵）◉平賀源内が「風来山人」の名で書いた狂文集。『放屁論』『放屁論後編』『痿陰隠逸伝』『飛だ噂の評』『天狗髑髏鑒定縁起』『里のをだ巻評』の6部からなり、内容はふざけた調子で、当時の世相を皮肉ったもの。俳人・李山、浄瑠璃作家・福内鬼外など、源内は様々な名を使い分けていた。

鱗形屋版から蔦屋耕書堂版へ 吉原細見の変化

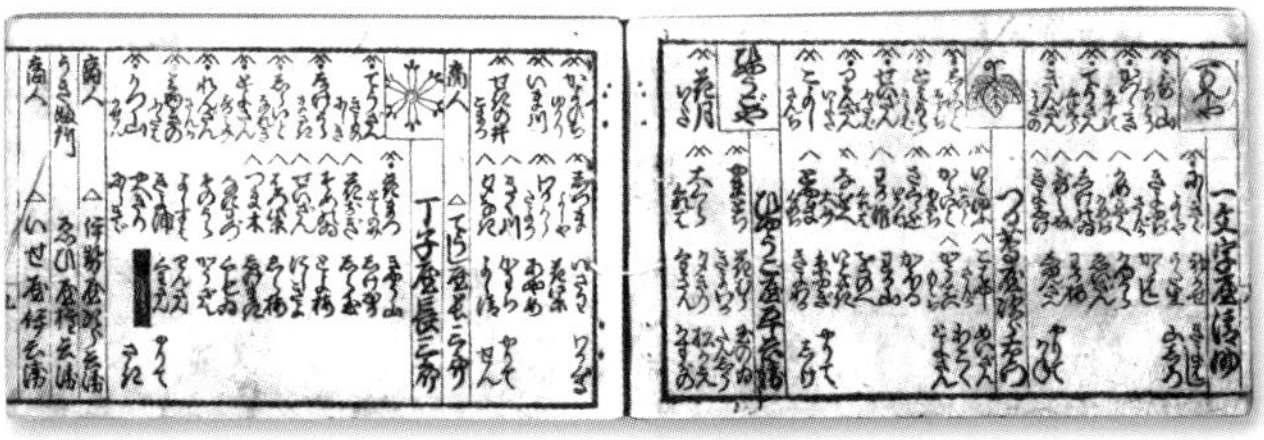

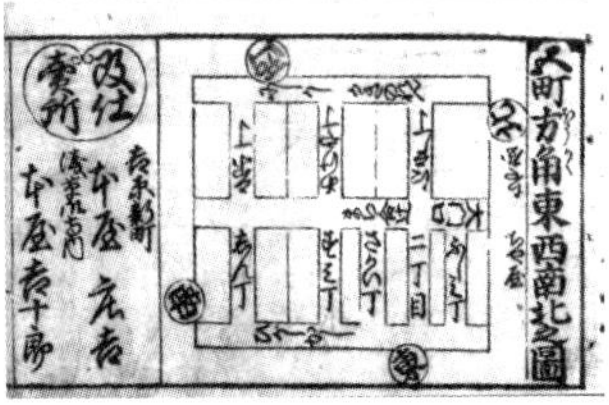

吉原細見（鱗形屋版）

『吉原細見』（鱗形屋／1745年／国立国会図書館デジタルコレクション所蔵）◉鱗形屋版で当初販売していたもの。 独占販売ではあったが、小さいうえ情報の改訂が間に合わず、すこぶる評判が悪かった。

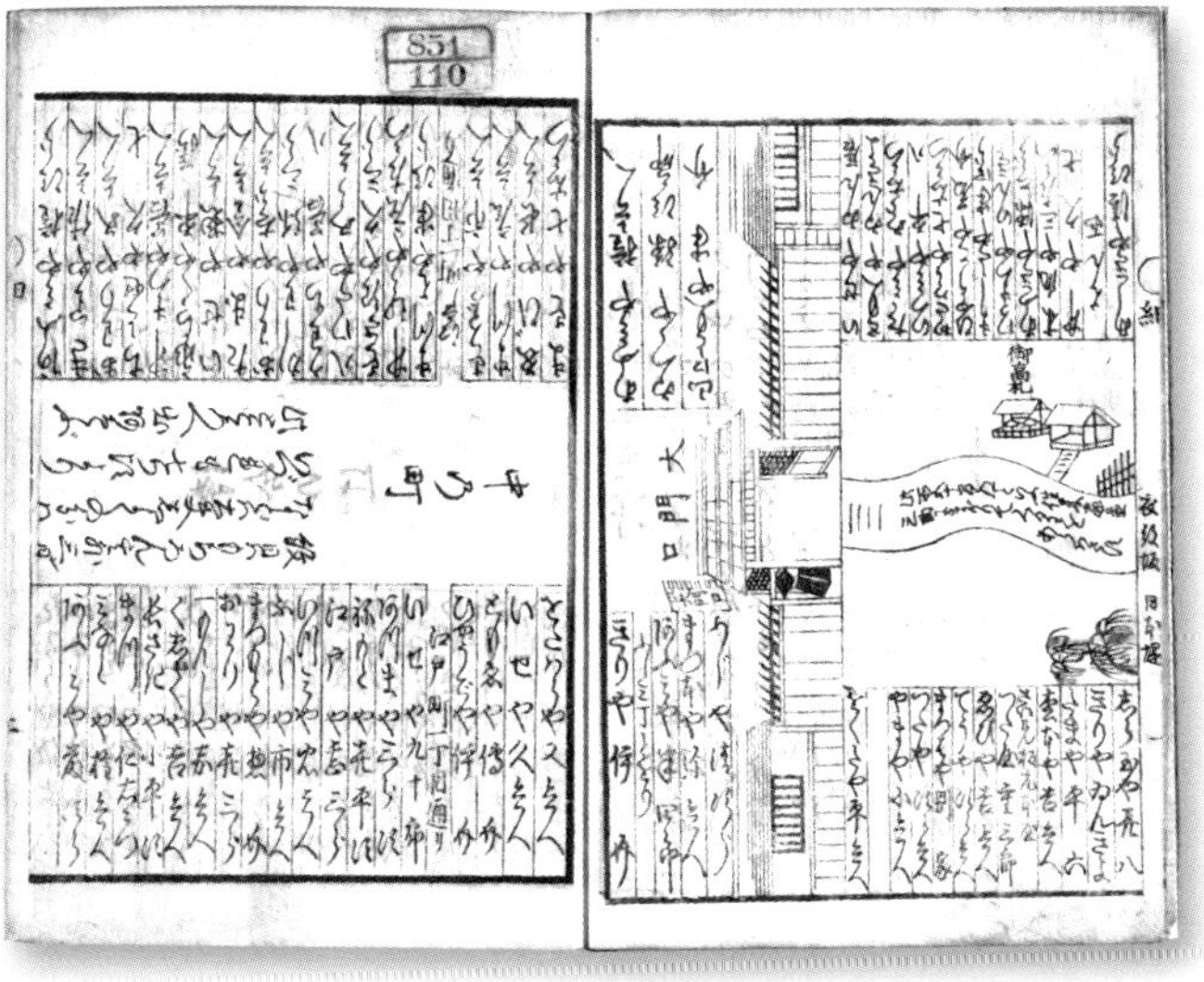

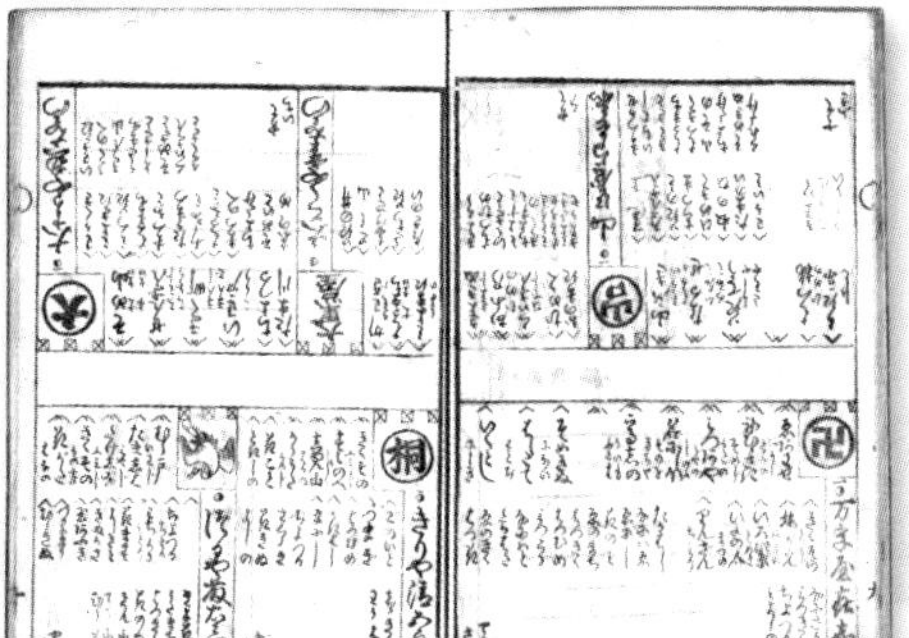

吉原細見（蔦屋耕書堂版）

『吉原細見五葉枩』（蔦屋重三郎／1783年／国立国会図書館デジタルコレクション所蔵）◉蔦重が後に独占販売するようになった『吉原細見』。鱗形屋時代よりサイズが大きくなり、ページ数は約半分に。ガイドブックとして使いやすくなっただけでなく、紙代や版木代を減らすことで低価格化した。

細見嗚呼御江戸 序（翻刻）

女衒　女をみるに法あり　一に目　二に鼻すじ　三に口　四にはへきハ（生え際）膚《はだ》は凝れる脂のごとし　歯は瓠犀《ひさごのさい》のごとし　家々の風好ゝ乃顔　尻の見やう親指の口傳　刀豆《なたまめ》臭橘《しゅうきつ》乃秘術ありてこれを撰むこと等閑ならねと　牙あるものハ角なく　柳の翠なるハ華なく　智あるハ醜く美しきに馬花（馬鹿）あり　静なるははりなく　賑なればきやんなり　顔と心と風俗と三拍子揃ふもの　中座となり立者と呼ばる　人の中に人なく　女郎の中に女郎まれなり　貴きかな得がたきかな　或ハ骨太毛むくじやれ　猪首獅子鼻棚尻　虫食栗のつゝくるミも　引け四ツの前後に至れば　餘つて捨るハ一人もなく　ひろいところがアゝお江戸なり

午のはつはる　福内鬼外戯作

細見嗚呼御江戸 序（翻訳）

女衒は女を見分けるすべを知っている。一に目、二に鼻すじ、三に口、四に生え際、膚は固まった脂のごとく滑らかで、歯は白く並んだ瓢《ひさご》の種のよう。家々によって好みの顔があり、尻の見方、親指の反りよう、癲癇《てんかん》持ちの恐れがあるかどうかは、刀豆《なたまめ》と臭橘《からたち》を食べさせれば、すぐわかる。この見極めをなおざりにしてはいけない。牙があるものは角がないように、あらゆる技能を持った者はいない。青々としている柳には華がなく、頭のいい娘は醜く、美しい娘には馬花（馬鹿）が多い。静かな娘には張りがなく、賑やかな娘はお転婆である。顔と心と風俗と、三拍子揃ふ者は、中座（センター）となり立者と呼ばれる。人はたくさんいるが、真に役に立つ人物はなかなかいないように、女郎の中の女郎も滅多におらず、貴く得がたいものである。あるいは骨太で毛むくじゃらで猪首《いくび》（首がずんぐりと太い）で獅子鼻で出っ尻で、虫が食った栗をつついた身でも、遊女が張り見世から引き揚げる引け四ツ（24時頃）の前後になれば、余っている遊女は一人もなく、懐が広いところがああ、お江戸だなぁ。

午のはつはる　福内鬼外　戯作

一目千本《ひとめせんぼん》

蔦屋重三郎が刊行した出版物で、現在、最初のものと考えられているのは、1774年に発刊された『一目千本《ひとめせんぼん》』という書物である。

「一目千本」とは、一般的には「千本の桜を一目で見渡せる場所」の意。「桜」が象徴するのは吉原の美しい遊女たちで、「この本一冊があることによって、あらゆる遊女たちが一目で見渡せる」というのが『一目千本』の意図であった。

ただし『一目千本』は、単純に遊女たちの紹介文を並べた本ではなく、その点でガイドブックとして作られた『吉原細見』とは一線を画す出版物であった。

というのも、「一目千本」というタイトルが示すとおり、本書で描かれているのは、当時大流行していた「挿し花(生け花)」の絵なのである。

どこにも遊女の姿はなく、大小さまざまの個性的な花々の絵がそこには存在するだけ。むろん美しい本であることは確かだが、何も知らない人が本書を開けば、おそらくは挿し花の図鑑にしか見えないだろう。

つまり本書は、遊女たち一人ひとりの個性を、それぞれ違った花で描くことで表現した、「見立て」の本になっているのだ。

吉原の顧客でもある読者は、「果たして自分の贔屓の遊女は、どんな花で表現されているのだろう」と、楽しみながらページを捲《めく》ることができる。本書はそんな粋な趣向を楽しむ仕掛けで制作された、一種の娯楽本になっているのである。

←『一目千本』（1774年／大阪大学附属図書館所蔵／出典: 国書データベースhttps://doi.org/10.20730/100080738）◉一目千本に描かれたさまざまな花。花だけでなく、その生け方や、花瓶などにも個性が象徴されていた。おそらく遊女当人を知る人であれば、「なるほど」と納得できるものがあったのだろう。

さまざまな花の絵で遊女の個性を表現

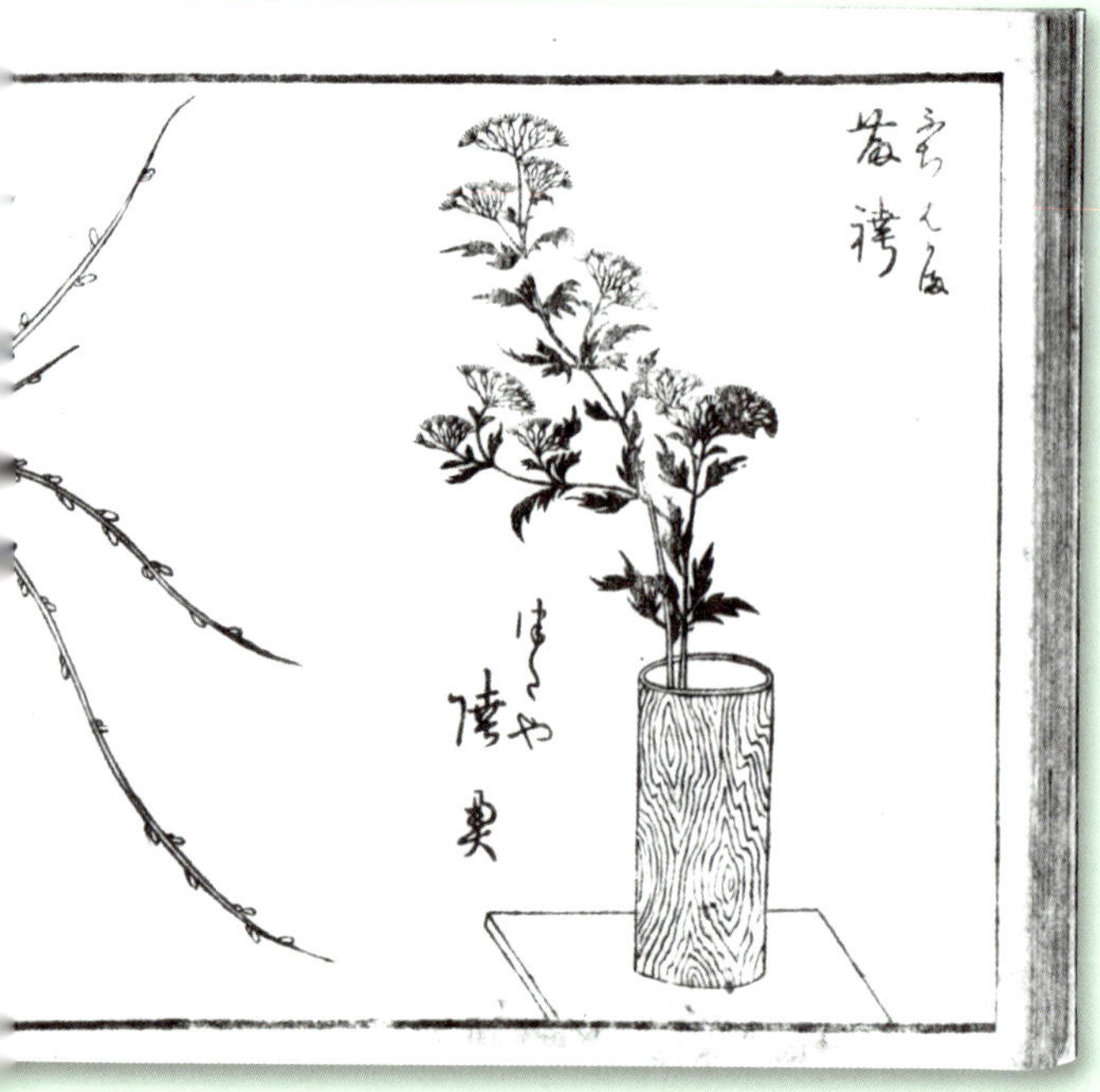

←『一目千本』（1774年／大阪大学附属図書館所蔵／出典: 国書データベースhttps://doi.org/10.20730/100080738）◉現実的には一目千本がガイドブックの役に立ったとは思えず、楽しめるのは遊女を知る読者のみ。遊女が馴染客に配ることが大半だったのだろう。配られた側は一種の洒落として、粋な趣向を喜んだものと思われる。

ちゃのき 茶花

暮の色

あすまや 二の種

あづまや 折琴

かんかうばい 寒紅梅

ききやう 桔梗

大こくや 三ッみ津

はりや 菅原

槿作

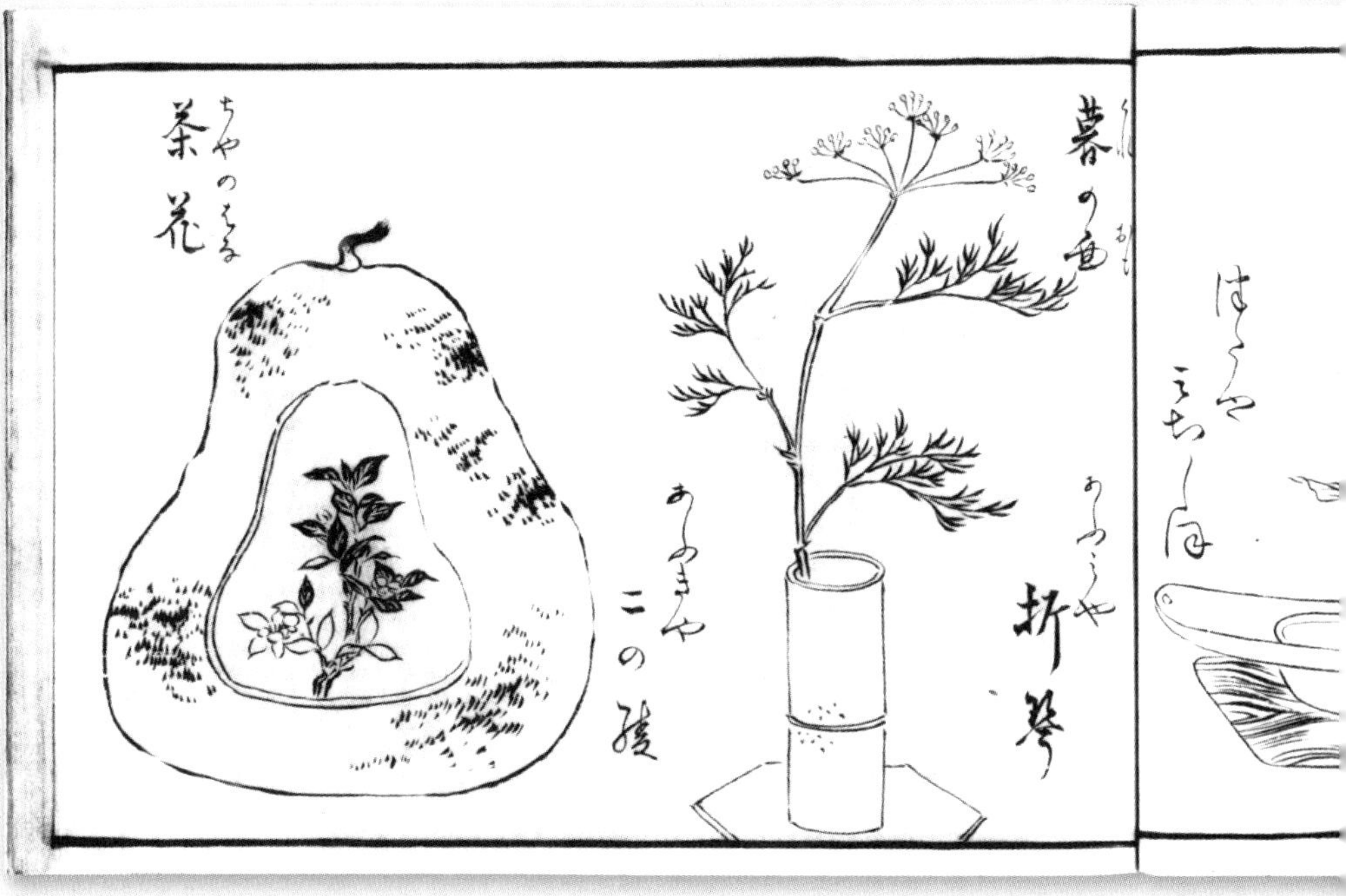

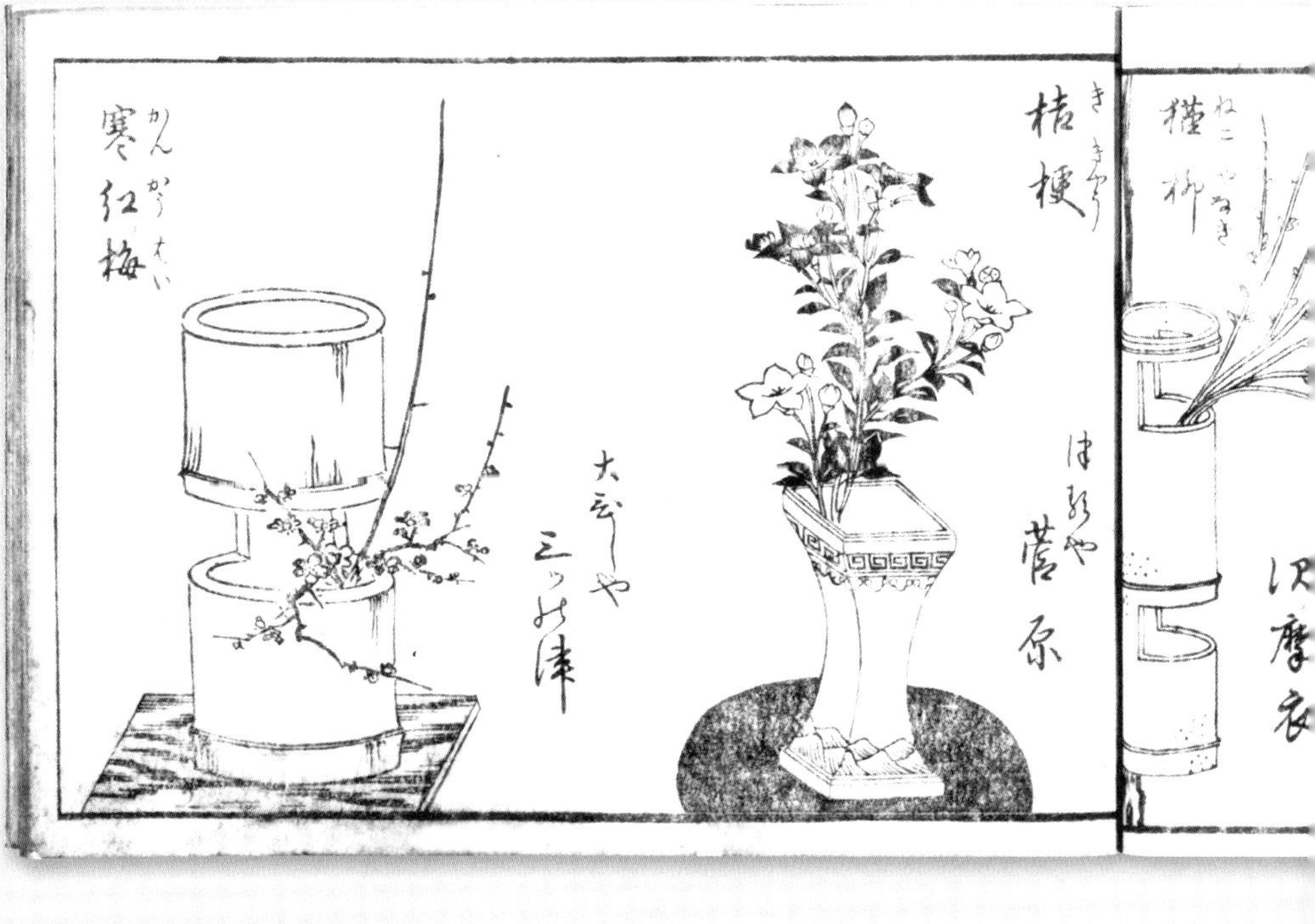

　また本書は、絵双紙屋で販売されるものではなく、主には遊女たちが馴染みの客にプレゼントしたり、あるいは遊郭が顧客や取引先に贈ったりする記念品として使用されたものだと考えられている。一種の文化発信地でもあった吉原にあって、本書を所有することは、一種のステイタスにもなったであろう。

　反対に、挿し花ファンからの要望もあったと考えられる。本書は、挿し花ブームの最中に発行された、唯一の手帖でもあるのだ。遊女ではなく、本書欲しさに吉原に来る客もいたに違いない。

　発行にあたっては遊廓や遊女の一人ひとりが出資し、今でいう企業の委託出版に近い形で行なわれた。出資に賛同した者は評判を上げ、出ししぶった者は吉原でのランクを落とした。蔦重の編集者としての手腕が認められたのだ。

　さらに本書における花の挿画を、蔦重は「北尾派」の創始者として活躍していた絵師、北尾重政に依頼している。以後、重政は蔦重の出版物にとって欠かせない存在となり、また著名な絵師となる北尾政美《まさよし》（鍬形蕙斎《くわがたけいさい》）や、作家・山東京伝（絵師としては北尾政演《まさのぶ》）など、重政の豊富な人的ネットワークを取り入れることで、多くのヒット作を出す版元へと発展していく。

　ちなみに本書は三年後、版元株を取得した蔦重によって妓楼と遊女の名前を削られ、『手毎《てごと》の清《し》水《みず》』として正式に挿し花の本として販売されることとなった。

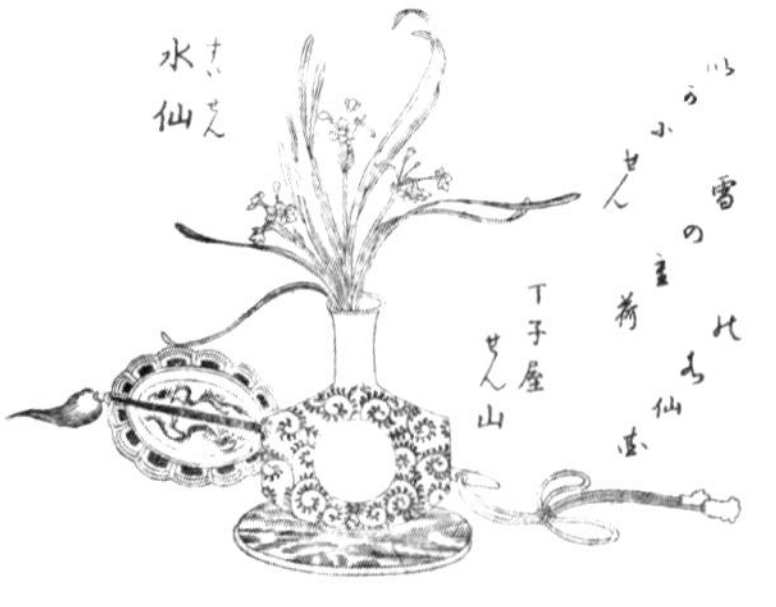

『一目千本』（1774年／大阪大学附属図書館所蔵／出典:国書データベースhttps://doi.org/10.20730/100080738）
◉北尾重政による水仙の挿画は、とりわけ色が白く、美しい遊女であったのか。すべての遊女は、その個性を花にたとえられている。

明月余情《めいげつよじょう》

吉原といえば、多くの人は、遊郭で男性が遊女を買春することを想像するだろうが、実際はそれ以上に広い側面を持っていた場所である。

実際は現代の「テーマパーク」に近く、中には飲食店や売店など、売春目的以外の顧客が楽しむ施設も多く存在した。そして地方から江戸に来る人々が、単に物見遊山でこの地へやってきて、食やエンターテイメントを楽しむ時間を過ごしていたのである。

吉原の側でも多くの観光客に楽しんでもらえるよう、さまざまな催しを用意していた。中でも「夜桜」「玉菊灯篭《たまぎくどうろう》」「俄《にわか》」は、「吉原三大景物《けいぶつ》」と呼ばれた盛大な催しであり、1777年に蔦重が刊行した『明月余情』は、その中の「俄」を紹介した出版物であり、今でいうパンフレットや広報冊子に近いものであった。

規模は小さいながらも、近年復活された吉原俄は、享保年間（1716〜1736）に始まった、吉原の芸者が総出で行なう寸劇や舞踏を織り交ぜた行事。この時ばかりは女性も子供も大門を潜ることが許され、多くの見物客を集めていた。

蔦重は単にそれを紹介するだけでなく、絵本形式の番付にして、催される行事をイラストで面白く紹介している。

吉原通で知られ、公式ガイドブックであった『吉原細見』の序文を書いていた朋誠堂《ほうせいどう》喜《き》三二《さんじ》が、本書の序文も担当。後半では文筆家の大田南畝も文章を書き、人気の絵師であり、黄表紙作家でもあっ

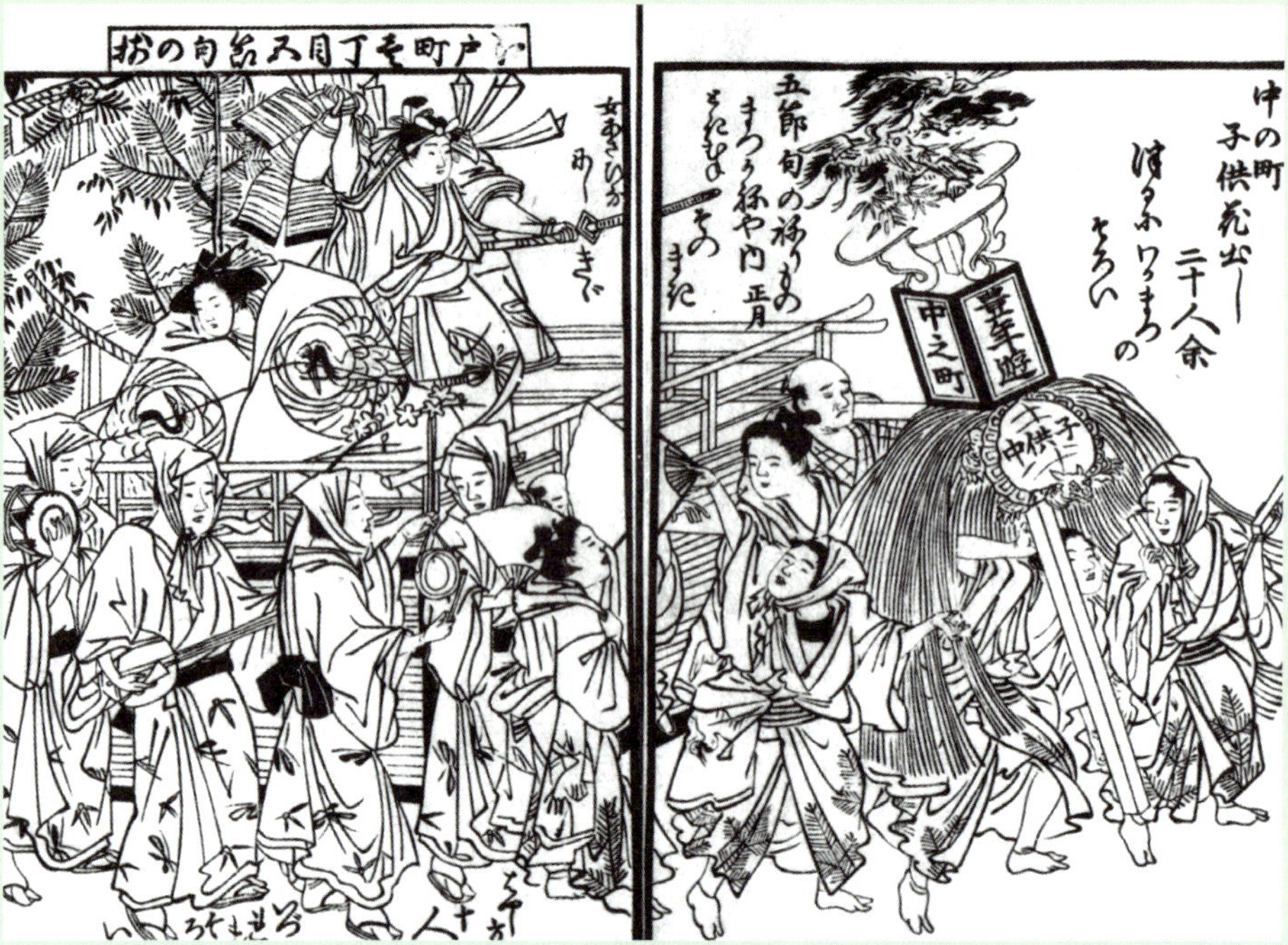

寸劇や舞踏で楽しい エンタメの町をアピール

『明月余情』第1編(稀書複製会編／米山堂／国立国会図書館デジタルコレクション所蔵)
◉蔦重が編集した、吉原における「俄」の公式ガイドブック。「俄」は、遊女や芸者たちがさまざまな扮装をするなどして催しをするもの。女性や子供の入場もこの日ばかりは認められ、吉原では毎年、大勢の見物客を集める大イベントになっていた。

『明月余情』第1編（稀書複製会編／米山堂／国立国会図書館デジタルコレクション所蔵）◉「俄」の中で描かれているのは売店の様子か。遊女のみでなく、大勢の男性も参加していることがわかる。人口の半分以上は、遊女とは別種の仕事をする人々であった。

た恋川春町《こいかわはるまち》が、中の挿画を担当した。

「俄」のパンフレットということから、この『明月余情』も、やはり吉原の遊郭などが自ら出資し、蔦重の力を得て広報のために制作したものと想像される。

　多くの遊郭が集まる吉原は、遊女のみならず、さまざまな役割で働く大勢の労働者を養う場であり、つねに多くの顧客を集客する必要があった。さらに、遊郭という性質から、その業務は度々《たびたび》幕府からの統制を受けており、だからこそ評判も高めておく必要があった。

　いわば「色欲の街」ではなく、「楽しいエンターテイメントの街」という印象を作るのが吉原の必須事項である。初期の蔦屋重三郎は、そのための マーケティング戦略を練ることで、版元として成功していったのである。

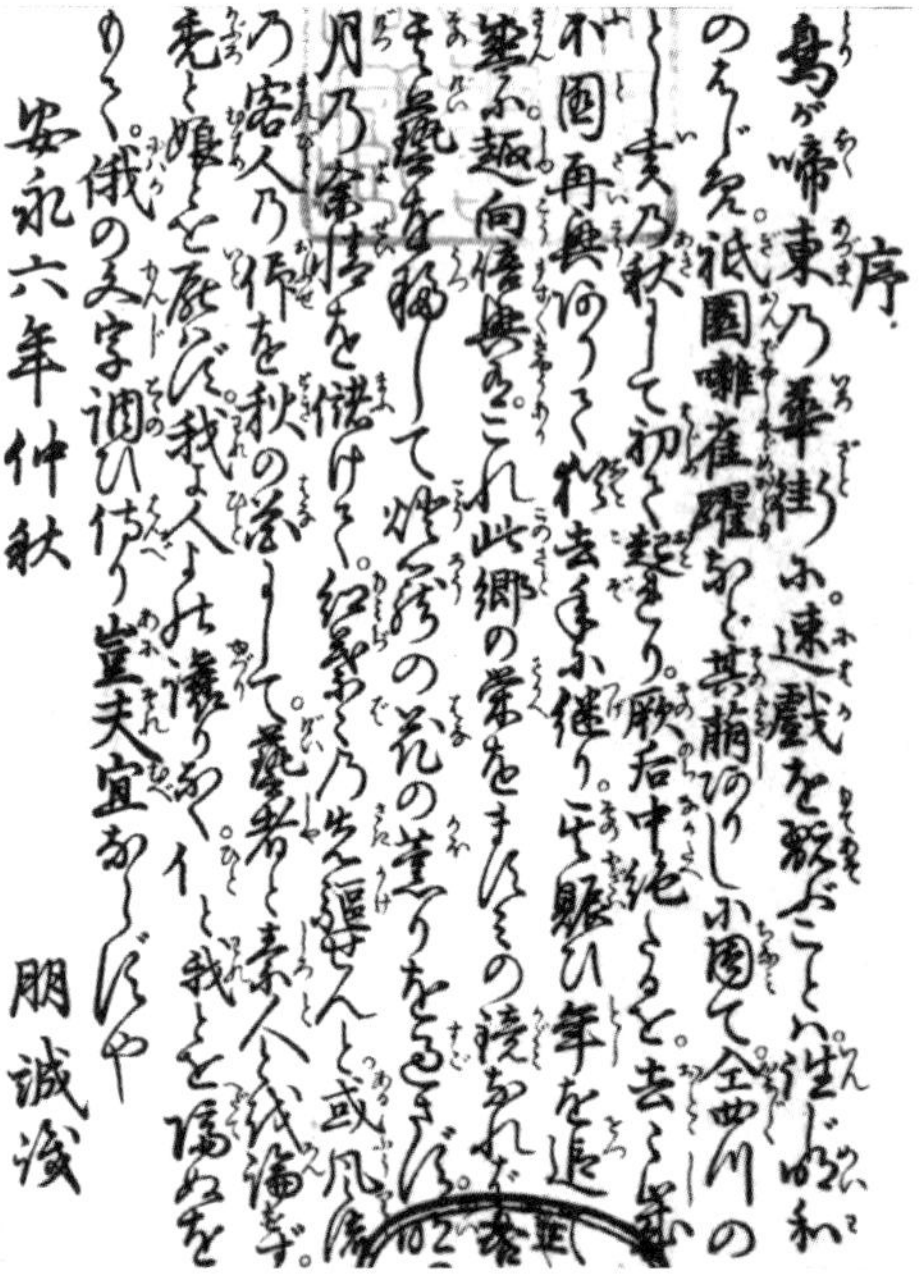
序

安永六年仲秋　朋誠堂

『明月余情』第1編（稀書複製会編／米山堂／国立国会図書館デジタルコレクション所蔵）◉朋誠堂喜三二による『明月余情』の序文。秋田藩藩士であり、吉原通の「宝暦の色男」として知られた喜三二は、蔦重の盟友であり、指南役。吉原発の流行を世に送り出す発信源ともなっていた。

青楼美人《せいろうびじん》合姿鏡《あわせすがたかがみ》

『青楼《せいろう》美人《びじん》合姿《あわせすがた》鏡』は1776年の正月に刊行され、前年に版元となった蔦屋重三郎の仕事を世に知らしめることになった大作である。

彩色刷り、つまり今でいうカラー印刷で仕上げた三冊組の豪華本で、素材にも「美濃紙」という高級な紙を使用。さらに北尾派筆頭の北尾重政と勝川派筆頭の勝川《かつかわ》春章《しゅんしょう》という、江戸を代表する二大浮世絵師を共作させることで、この企画は実現した。

本書の奥付の発行人欄は、「江戸書林　本石町拾軒店　山崎金兵衛　新吉原大門口　蔦屋重三郎同板」となっており、版元を立ち上げたばかりの蔦重は、実績のあった銀座の地本問屋・山崎金兵衛の協力を得ていた。

むろん本書にも吉原の宣伝的な意味合いが強く反映され、顧客への贈与品として使われたと思われる「豪華装丁」の版と、宣伝も兼ねて作られた簡易な装丁の版の二種類があったことが知られている。

蔦重は、妓楼や遊女たちから資金を募り、吉原をプロモーションする活動の一環として、本書を刊行したのであろう。

三巻構成で作られた『青楼美人合姿鏡』の上巻と中巻は、「春夏」と「秋冬」となっており、吉原を代表する遊女たちの日常を、その季節に合わせたシチュエーションとともに描いている。

たとえば正月であれば、琴や書画、歌、香合、すごろくに興じる姿。夏であれば窓辺で涼んでいる姿など。あるいは季節に応じた草花を愛でる姿などもあり、重厚感がありながらも、温かみのある普段の遊女たちの風景が、カラーの美しい錦絵で紹介される。

遊女たちの日常を描き出すことは、現代のアイドルが、日常をＳＮＳで発信すること同じ。単なる商品化された個性ではなく、人間的な魅力を感じることで、ファンはお気に入りの相手にますます傾倒していく。

また、遊女たちが普通の女性と変わらない日常生活を送り、豊かな教養を持ち、季節ごとの自然を愛する存在であることをアピールするのは、吉原という場所のイメージ戦略にも役立つ。

さらに『青楼美人合姿鏡』の下巻では、上巻と中巻の選考から外れた遊女を紹介。巻末では遊女たちが自ら創作した、俳諧も集めて掲載している。これも教養を披露する遊女たちのイメージ戦略で、顧客たちは馴染みの遊女たちが詠んだ句を探すことで、彼女たちの創作を楽しんだのだろう。

『青楼美人合姿鏡 』（勝川春章、北尾重政／1776年／メトロポリタン美術館所蔵）

↑↓『青楼美人合姿鏡 』（勝川春章、北尾重政／1776年／メトロポリタン美術館所蔵）◉上は春の桜を手に取りながら、談笑する遊女たち。下は彼女たちが読んだ俳句。遊女たちの宣伝用に作られた『青楼美人合姿鏡』だが、彼女たちをアイドル視するファンからすれば、この書物は今でいう写真集やグラビアのような感覚で取引きされたのであろう。こうした男心をくすぐる企画は、後に喜多川歌麿が大成した路線にもつながっている。

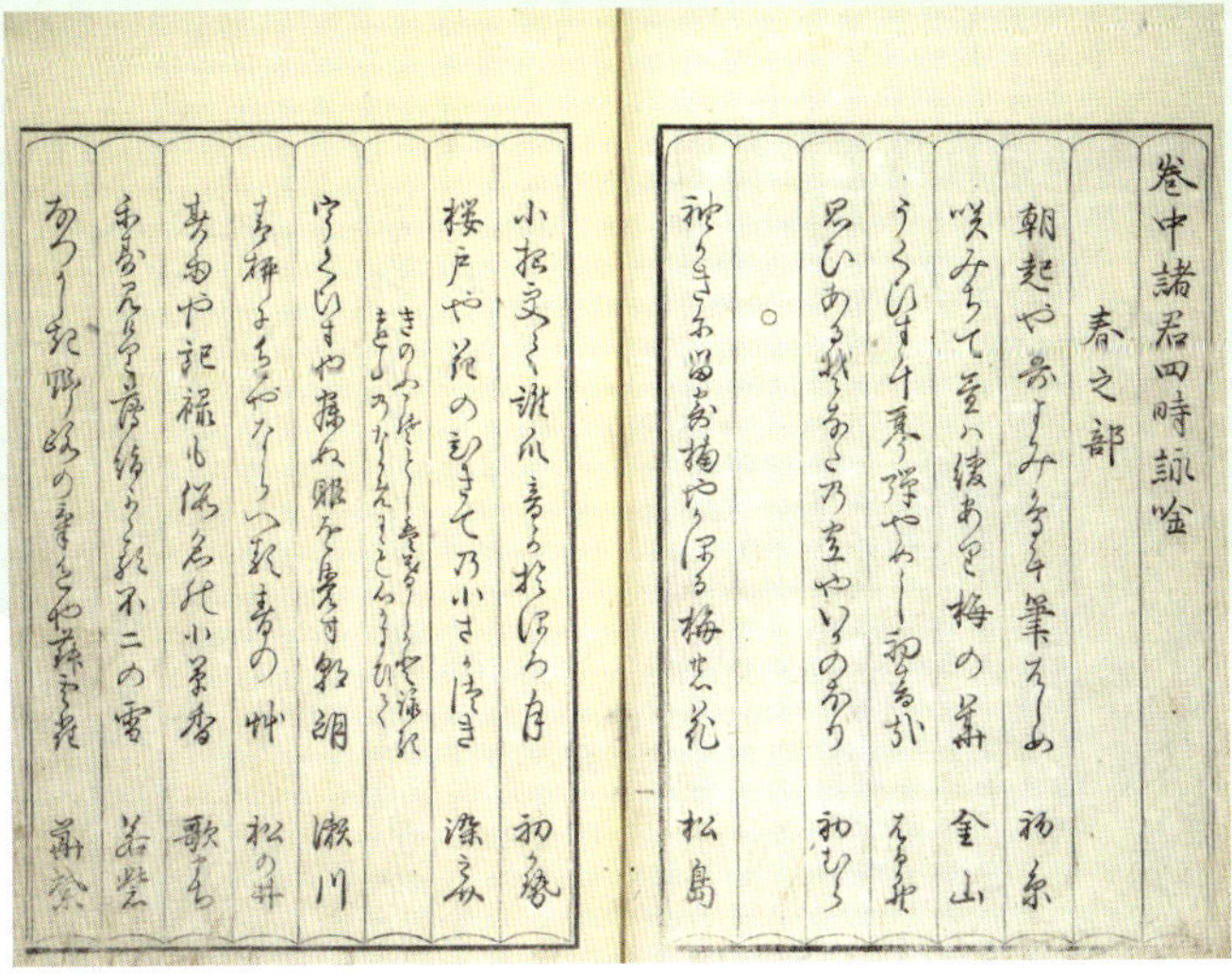
巻中諸君四時詠吟
春之部

梅の香

『青楼美人合姿鏡 』(勝川春章、北尾重政/1776年/メトロポリタン美術館所蔵)◉琴、三味線、尺八など、楽器の練習をしている遊女たち。中には筆を持ち、長い文を書いている遊女もいる。高位の遊女は美しいだけでなく、教養も豊かでなければならないと考えられ、芸事の稽古は普段から熱心に行なっていた。各遊女には、きちんと名前も添えられている。

『青楼美人合姿鏡』(勝川春章、北尾重政／1776年／メトロポリタン美術館所蔵)◉正月に皆で百人一首を楽しんでいる遊女たちか。重ね着と火鉢から冬の光景だとわかる。札を取り合っている2人の遊女や、その側、関係のない札を手に取っている遊女など、それぞれの遊女の個性がユーモラスに描かれている。

富本節《とみもとぶし》と往来物《おうらいもの》

遊廓や遊女たちから資金を募り、吉原を売り出す豪華な本を制作する一方で、蔦重は版元としての地盤固めを始めていく。

その際、彼が最初の段階で手がけたのは、人気の作家や狂歌師、あるいは実力のある浮世絵師を用いたエンターテイメント性の高い本ではなかった。むしろ「地味ではあるけれど、確実に売れる」という書物である。

その代表は、「富本節《とみもとぶし》」と「往来物《おうらいもの》」であった。

まず「富本節」であるが、これは浄瑠璃《じょうるり》で使われる、三味線による楽曲の一つである。

浄瑠璃とは、三味線の曲を伴奏にし、太夫《たゆう》と呼ばれる語り手が物語を語っていく音曲《おんぎょく》。使われる楽曲の流派には、義太夫節や河東節《かとうぶし》、清元節《きよもとぶし》など、さまざまなものがあった。

そのうち富本節は、１７４８年に常磐津節《ときわづぶし》から分立して成立した流派。蔦重らが活躍した安永期には、二代目の家元である富本豊前《ぶぜん》太夫が登場し、その美声が評判となって大人気になっていた。

江戸時代にあって三味線は、多くの女性たちに人気があった習い事の一つ。とくに女性たちは、武家や裕福な家だけでなく、庶民であっても嫁入りに有利になるということで、三味線を習うことが多かった。

その中で人気の楽曲が出てくると、現代のヒット曲と同様に、多くの演奏者がそれを弾きたいと思う。よって浄瑠璃の人気曲の楽譜や教本は、確実に需要が見込める〝隠れベストセラー〟とも言えるものだったのである。

『青楼美人合姿鏡』を出版したあとの１７７７年、蔦屋重三郎は、富本の株を取得。つまり、「富本豊前太夫と独占契約を結んだ」ということで、以後、蔦屋耕書堂《こうしょどう》は、富本節で使用される楽曲の正本や稽古本を継続して出版していくこととなる。まさにこの出版は、地味ではあるものの、一貫して版元経営の柱となる事業となったのだ。


次に「往来物」であるが、こちらは現代で言うところの「教科書」である。

江戸時代は初等教育が普及していて、庶民であっても学問所などで教育を受けるのが通常であった。その際に職業ごとに、教科書となる「往来物」は数多く普及していた。

その一冊一冊の値段は安く、利益率は決して高くはなかったものの、種類は数多く作られ、しかも毎年のように改訂されて発行することになる。つまり、長期にわたって確実に売上が見込める、ロングセラーとなる商品が「往来物」だったのである。

ヒットを狙った黄表紙本などを手がける一方で、１７８０年から蔦重は、この往来もの刊行を始めている。ベストセラーを狙ったギャンブルをしながら、堅実な売上が見込めるビジネスにも、彼は経営者として参入していたのだ。

『永楽庭訓往来』（東京書籍株式会社付設教科書図書館東書文庫所蔵／出典: 国書データベース https://doi.org/10.20730/100274594）

地味ながら需要のある刊行物で手堅いビジネスを継続

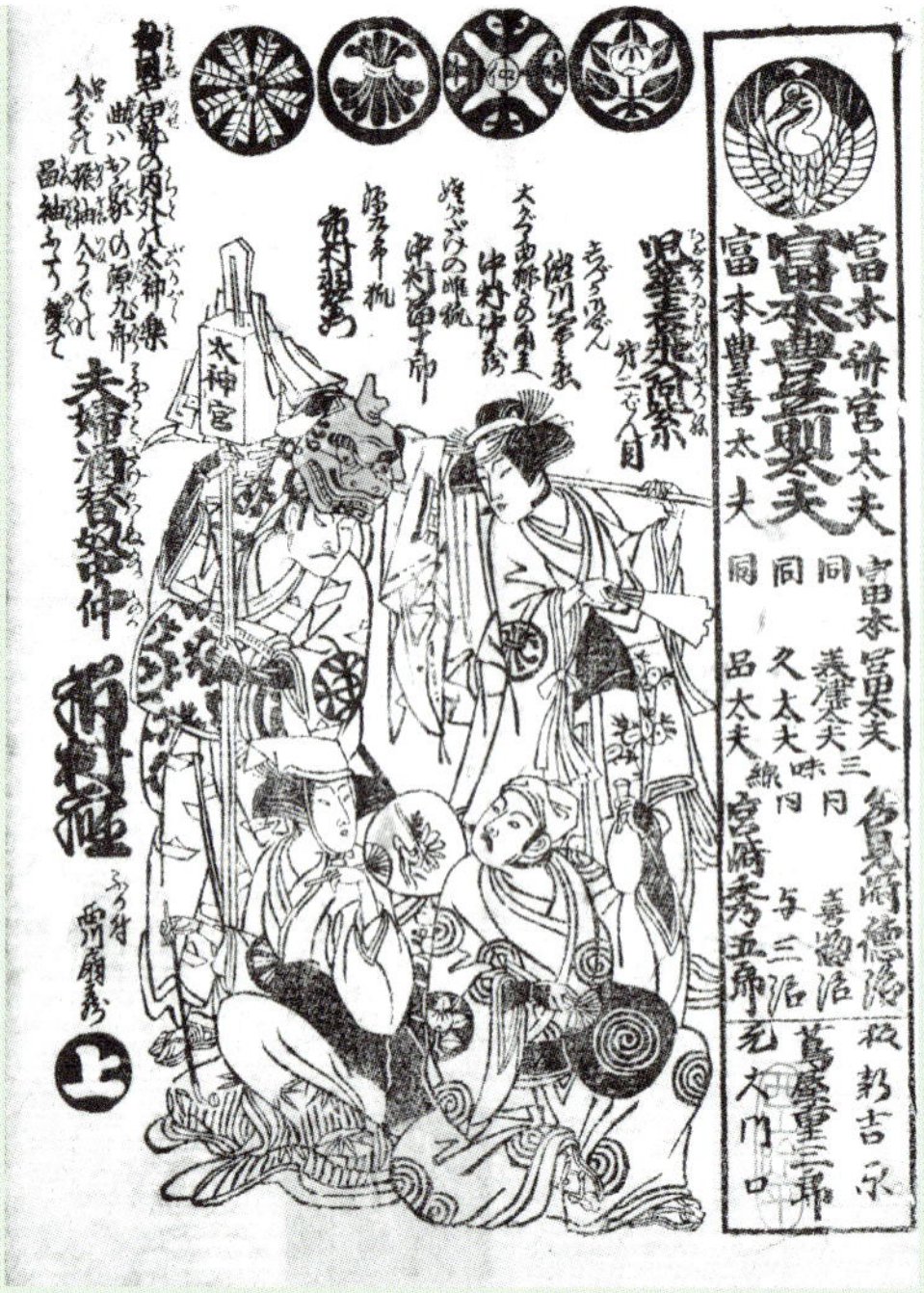

←『夫婦酒替奴中仲［表紙］上下（児華表飛入阿紫：二番目）』（立命館大学ARC所蔵／arcBK02-0300-19）◎富本備前太夫による、浄瑠璃「夫婦酒替奴中仲」の音曲。歌舞伎の演目としても人気で、1777年に江戸市村座で初演されている。

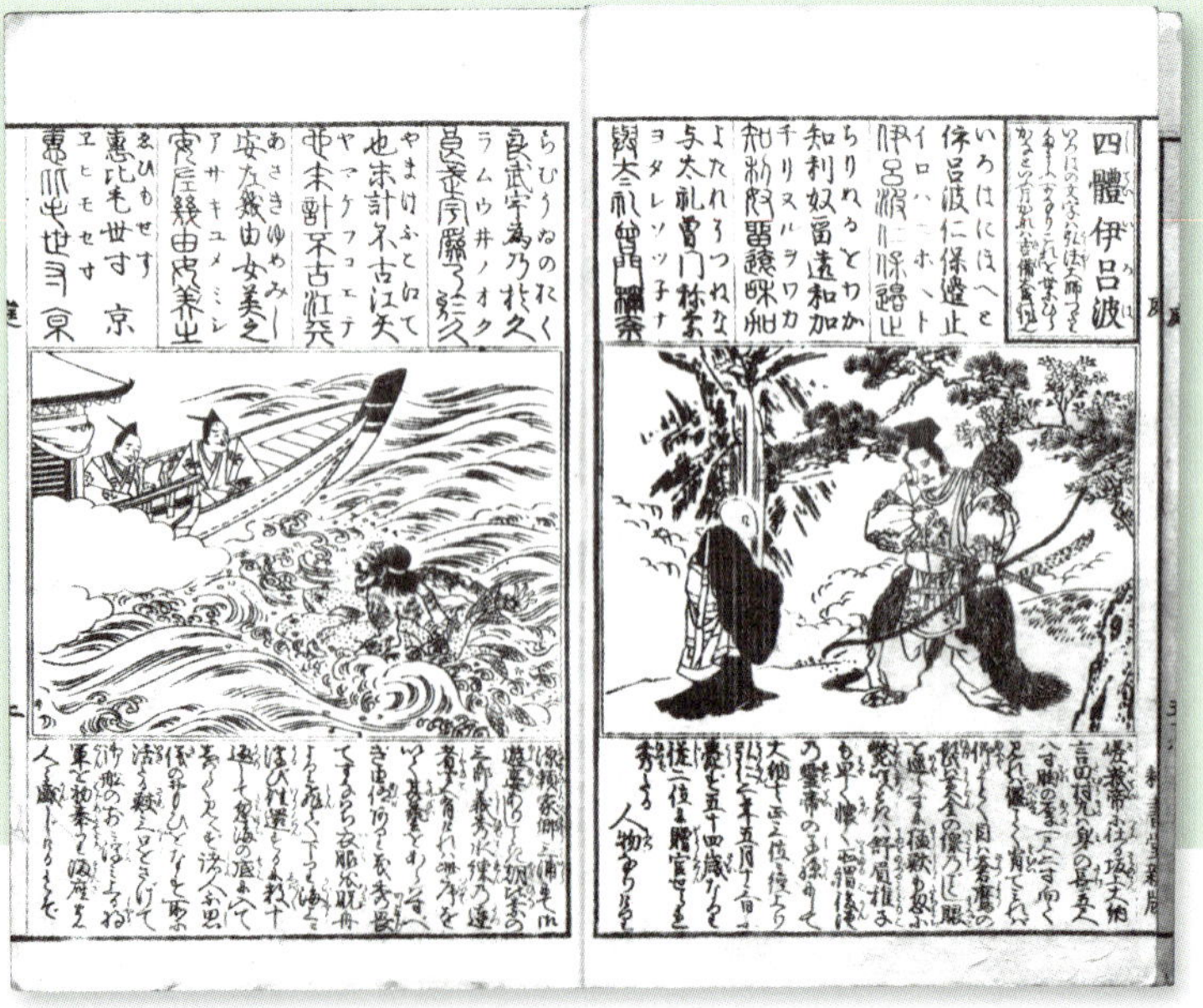

↑『永楽庭訓往来』（東京書籍株式会社付設教科書図書館東書文庫所蔵／出典：国書データベース https://doi.org/10.20730/100274594）◉往来物の一つ。挿絵を交えながら、多岐にわたる一般常識を解説する。寺子屋で教科書として使用された。

画本東都遊《えほんあずまあそび》

1799年、蔦屋耕書堂は葛飾北斎が描く江戸名所二十九図に、狂歌師の浅草庵市人《あさくらあんいちんど》が選んだ狂歌四百七十一首を収めた狂歌絵本『東遊《あずまあそび》』を刊行。のちに葛飾北斎が浮世絵師として認められてきたからか、『東遊』の狂歌の部分をほとんど削除し、墨絵だった挿画を彩色刷にして、本書は1802年にリニューアルされる。それが『画本東都遊』である。すでにそのころ、蔦屋重三郎は世を去っており、二代目が版元を取り仕切る時代になっていた。

葛飾北斎は十九歳のときに勝川春章《かつかわしゅんしょう》に弟子入りし、勝川春朗《しゅんろう》の名で絵師の仕事をしていたが、そのころから蔦重は版元として仕事を依頼していた。

のちに北斎は勝川派から離脱し、貧乏な生活の中で、絵師として画号をいくつも変えながら、試行錯誤の時代を経たとされるが、蔦屋耕書堂は一貫して彼に仕事を依頼。多くの黄表紙などで、挿画を担当している。

『東遊』で北斎が描いた江戸名所は、日本橋や飛鳥山のような景勝地の風景に、「王子海老屋」や薬問屋の「長崎屋」などの有名な店舗。特筆されるのは「絵草子店」という説明で、「耕書堂」を描いた画が存在していることである。

あえて説明に店の名を記してはいないものの、御簾《みす》には「耕書堂」の文字と、富士山と蔦の葉の屋標。店先の行灯には、「通油町／紅絵《べにえ》問屋／蔦屋重三郎」といった文字も描かれている。

箱看板があるということは、幕府御用達の証《あかし》で、紅絵とは多色摺浮世絵版画、つまり錦絵《にしきえ》のことである。

店の中には忙しそうに作業をしている店員も描かれ、お供を連れた武士らしいお客が、並べられた本を覗き込んでいる。参勤交代で里に帰る前に、土産の錦絵を物色しているようにも見える。いかにも繁盛していそうな様子を「名所」として挿入したのには、多少の宣伝的な意味合いもあったのだろう。

この「耕書堂」は、1783年に、蔦重が通油町（現在の日本橋大伝馬町）に開業した店舗。もとは丸屋小兵衛の地問屋があった場所だが、そこを買い取ったものである。

むろん吉原との関係は以後も重要なものとなり、蔦重と吉原の関係は、離れるどころかますます深くなっていく。

しかしながら蔦重は吉原の店を手代に任せ、以後は耕書堂を本拠として活動していく。理由は日本橋が豪商たちの連なる経済の中心地であり、多くの版元も数多く、この街に店舗を出していたからであろう。

つまり、耕書堂を本店とすることで、蔦屋重三郎は名実ともに「江戸を代表する版元」にまでのしあがったのである。それが版元を立ち上げてわずか10年足らずのこと。地位の低い吉原の生まれからすれば、彼は江戸時代における稀に見る大出世者の一人となったのである。

『画本東都遊 3巻』（浅草庵／1802年／国立国会図書館デジタルコレクション所蔵）◉1802年に二代目蔦屋重三郎の元でリニューアル された『画本東都遊』。すでに葛飾北斎が人気絵師となっていたこともあり、墨絵だった挿画は、すべて彩色されたものに変更された。恩義を感じていたのか、葛飾北斎は蔦重亡き後の耕書堂の売上にかなり貢献している。

『画本東都遊3巻』（浅草庵／1802年／国立国会図書館デジタルコレクション所蔵）◉北斎が描いた蔦屋耕書堂の様子。客が本を見ている傍ら、仕事をしている大勢の従業員も描かれている。店の名は説明にないが、上にかかった暖簾の商標と屋号で「蔦屋耕書堂」だとわかるようになっている。

第二章

戯作・黄表紙

吉原大通会《よしわらだいつうえ》

18世紀後半から19世紀の初め、江戸の庶民たちを中心に大人気となった書物が「黄表紙」である。これは大人の娯楽をテーマにした十ページ程度の書物で、その名の通り、黄色い表紙であったことから、そう呼ばれるようになった。

黄表紙の始まりは恋川春町《こいかわはるまち》の『金々先生栄花夢《きんきんせんせいえいがのゆめ》』という作品であるが、その詳細は次項で取り上げる。ここで最初に紹介したいのは、同じ春町による『吉原大通会』という作品である。

この『吉原大通会』を発行したのは岩戸屋源八《いわとやげんぱち》という版元で、蔦屋重三郎との関係は不明である。ただこの書物には、蔦重も含め、作家として当時の黄表紙界をリードした狂歌師たちが一同に面した場面が登場する。春町自身が描いた挿絵も掲載されているが、そこで描かれているのは手柄《てがらの》岡持《おかもち》（朋誠堂喜三二《ほうせいどうきさんじ》）、四方赤良《よものあから》（大田南畝）、大屋裏住《おおやのうらすみ》、腹唐秋人《はらからのあきんど》などなど、有名な狂歌師であるとともに、黄表紙のベストセラーを執筆していた面々。もちろん蔦屋重三郎も、その中には描かれている。

彼らが一堂に面し、仮装をしている場面が挿絵にも描かれているのだ。

『吉原大通会』の主人公は、春町と親しい先輩であり、人気の黄表紙作家であった朋誠堂喜三二。「月成《つきなり》」と記される彼は、たまたま子供たちに捕まった鳶《とび》を助けるのだが、実はその鳶が天狗の化けた姿。その天狗の恩返しによって、吉原での粋な遊びを体験するというパロディ的な作品である。

『吉原大通会：3巻』（恋川春町／1784年／所蔵：国立国会図書館デジタルコレクション／P40、41も同じ）◉恋川春町によるこの作品は、そもそもは能の『大會《だいえ》』という作品をパロディ化したもの。こちらでは鳶に変身した天狗を助けた比叡山の僧侶が、霊鷲山で行なわれた釈迦の法会を体験する。その吉原版では「大通会」となり、「通」とは遊郭での遊びに精通した人々のこと。神聖な仏教の「大会」を、吉原の遊び人たちに置き換えてしまっているのだから、彼のパロディがいかに大胆であるかが知れる。

そんな「粋な遊び」のクライマックスに当たる場面が、一流の狂歌師たちを囲んだ「狂歌連」と呼ばれる集いである。

この超一流どころを集めた「狂歌連」は、物語の中で天狗として登場する恋町が神通力で可能にしたものとされる。しかし実際に「狂歌連」は吉原で度々行なわれ、狂歌師たちが自身の歌を披露し、品評を行なう場となっていた。歌われる歌は美しい挿絵を加えるなどの編集をしたうえで黄表紙として出版され、これが江戸町人たちの楽しみにもなっていたのである。

あらためて春町が描いた挿画を見ると、狂歌師たちが思い思いの扮装をしている中で、通常の町人の格好をしているのが、右上にいる主人公の朋誠堂喜三二と、左下中央の蔦屋重三郎。その蔦重重三郎が硯《すずり》と紙を差し出している覆面の人物が、この会の主催者である加保茶元成《かぼちゃのもとなり》こと、本名は村田市兵衛。妓楼である大文字屋の経営者であった。

妓楼である大文字屋の主人であった村田市兵衛。狂歌連の場を提供する人物を取り入れていたことは、蔦重が人脈を築く上で大きな力になっていたことであろう。

手柄岡持は狂歌師としての名。戯作者名としては朋誠堂喜三二で、物語では「月成」という俳人として登場する。「通」として知られた人物であるが、春町の親友でもあった。

会の主催者である加保茶元成に筆と硯を差し出し、歌を読むように促している。皆が仮装している中にあって平服なのも、あくまで版元の編集者として振る舞っている様子が想像される。

　蔦重も市兵衛も、ともに狂歌師としての名を持ち（蔦重は蔦唐丸《つたのからまる》）、狂歌を読む歌人でもある。市兵衛は吉原に店を構え、そこに文化人を一堂に集め、宣伝のために江戸中で注目される狂歌の宴を主催。それをプロデュースするのが版元の経営者である蔦重で、その成果はのちに黄表紙として出版されるという、現代のメディアにも似たエンターテイメントの構造が、ここには描かれている。
　恋川春町が紹介したかったのは、そんな深い江戸の出版ビジネスの世界であったのだろう。その中心には彼の盟友であるプロデューサー、蔦屋重三郎が常に存在していた。

↓吉原大通会（黄表紙／恋川春町／1784年）◉主人公の「月成」が、天狗に乗って住んでいた島原から吉原へ運ばれる様子。絵は物語の作者である恋川春町が、自身ですべて描いたもの。現代でいう漫画家に近かった彼の存在が、黄表紙というジャンルを確立させた。

金々先生栄花夢《きんきんせんせいえいがのゆめ》

江戸で大人気になった「黄表紙」の第一弾、恋川春町の『金々先生栄花夢』は、1775年、吉原で一番の版元であった鱗形屋孫兵衛の下で出版された。

その内容はといえば、地方から江戸へ出てきた貧乏な青年が、一夜の夢で成功と没落を体験するというもの。中国の古典として有名だった『枕中《ちんちゅう》記《き》』をなぞったもので、庶民の憧れだった吉原での放蕩も、まさに「一炊《いっすい》の夢」として描かれる。

ちなみにNHK大河ドラマ『べらぼう』の副題、『蔦重栄華乃夢噺《えいがのゆめばなし》』は、この書物になぞらえたものだろう。

この書物が「黄表紙」と呼ばれるようになったのは、当時存在していた「赤本」「黒本」「青本」と異なる新ジャンルだったから。「赤本」は子供向けのお伽噺、「黒本」は青少年向け、恋愛や遊郭ものは「青本」と呼ばれていたのに対し、挿絵をふんだんに使った現代でいう「漫画」に近い洒落本、あるいは滑稽本として、新しく黄色い表紙をつけた薄い本が誕生したのである。

そんな新しいヒット出版物を創造した版元、鱗形屋孫兵衛とは、どんな人物だったのか。

鱗形屋とは、1660年前後から存在する古い版元で、江戸の大伝馬町《おおでんまちょう》に店を出し、絵本や浄瑠璃本を出版していた。しかしその評判を大きく上げたのは、吉原の正式ガイドブック『吉原細見』を独占販売するようになってからだ(第1章参照)。

ところがこのガイドブック、第1章でもふれた通り、出版のたびに更新されるべき情報が追いつかず、いつまでも古いままで、すこぶる評判が悪くなっていた。そこで経営者の鱗形屋孫兵衛が目をつけたのが、吉原生まれで、大門前で貸本屋兼鱗形屋の細見の卸をやっていた蔦屋重三郎だったのである。

吉原に精通している彼を編集長に据えれば、『吉原細見』を再び評判のいいものに改訂できるのではないか？

こうして1774年、蔦重は鱗形屋から編集長を頼まれ、『細見《さいけん》鳴呼《ああ》御江戸《おえど》』という改訂版の『吉原細見』を出した。序文を平賀源内が書いたことは、P11に前述したとおりである。

そんな流れから、黄表紙という滑稽本の企画を立てたのも、何年経っても色褪せない、黄色で表紙を作ろうと提案したのも、あるいは蔦屋重三郎だったのではないか？

恋川春町といえば、蔦重とは後に懇意となる、文章も書ければ挿絵も描き、狂歌も詠めるマルチ作家。「彼に任せれば、話が早いし、予算も安くできる」というのは、蔦重がいかにも考えそうなことではある。

いずれにしろ、この『金々先生栄花夢』の成功が、後に著名な作家たちや、江戸を代表する浮世絵師が生まれる土壌を築いたのだった。

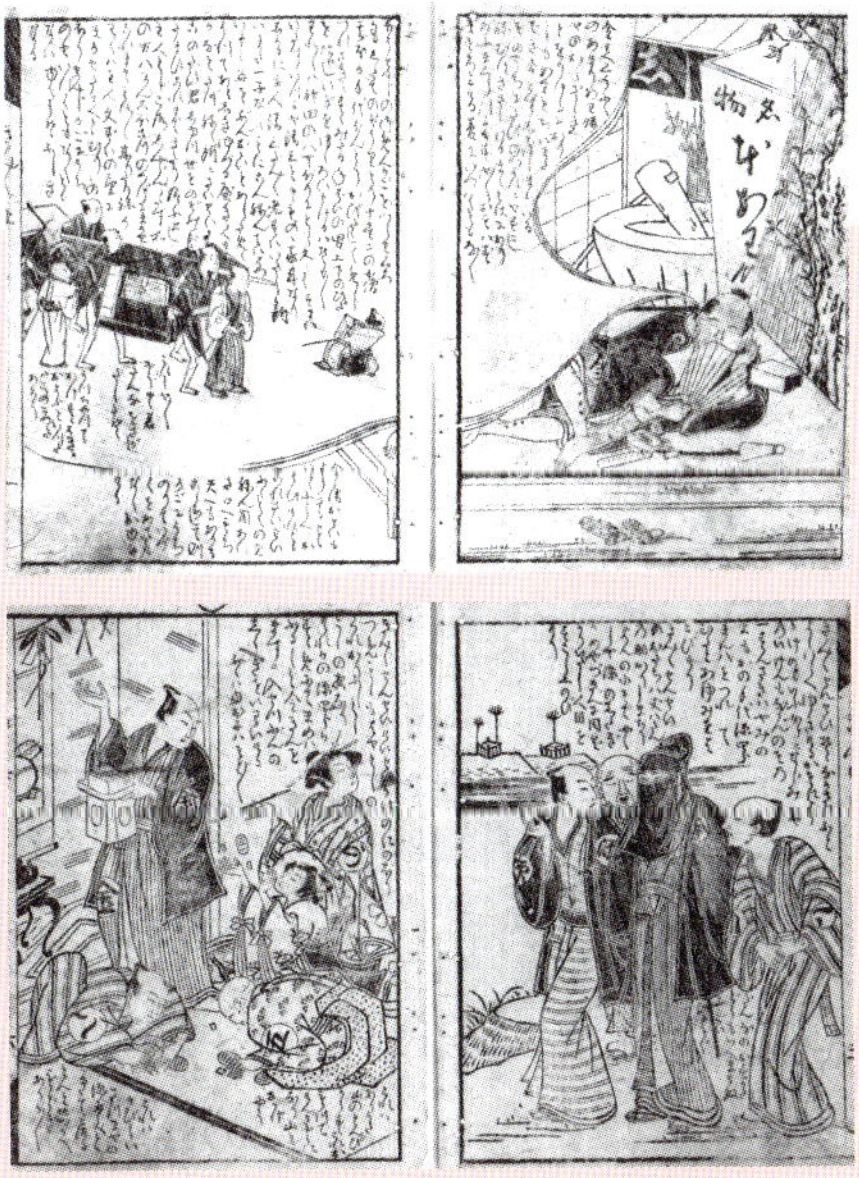

『金々先生栄花夢』（恋川春町／1775年／所蔵：東京都立中央図書館）◉「黄表紙」というジャンルを生み出した画期的な作品。文と絵を手がけたのは恋川春町だが、後の関係を考えれば、鱗形屋の編集に関わっていた蔦重のアイデアだったことも大いに考えられる。

大通人好記《だいつうじんこうき》

1777年に蔦屋重三郎が発行した『娼妃地理記《しょうひちりき》』と1780年の『大通人好記』は、いずれも名所案内や算術の教本になぞられえて、吉原の風俗を紹介したもの。蔦重にとっては黄表紙への足がかりとなる出版物であり、吉原専門の版元から一般的な版元への飛躍を目指すような企画出版であった。

二冊の著者は、いずれも朋誠堂喜三二だと考えられている。彼の本名は平沢常富《つねまさ》といい、佐竹氏に仕える秋田藩の藩士、江戸の留守居役《るすいやく》を務める

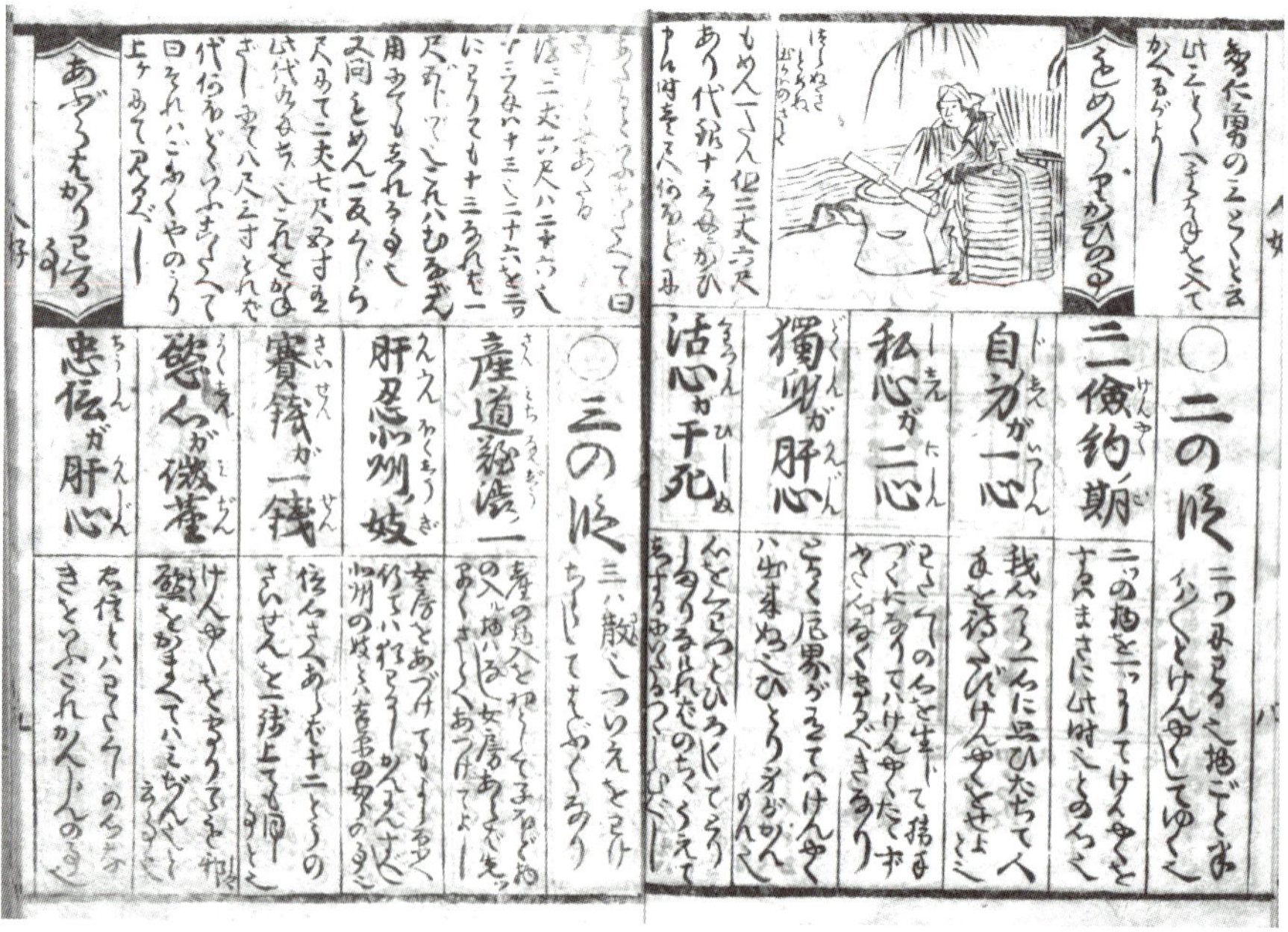

←↑『大通人好記』（在原持麿／1780年／所蔵：国立国会図書館デジタルコレクション）◉作者は在原持麿となっているが、『娼妃地理記』と同様、朋誠堂喜三二。挿画もクレジットはないが、盟友の恋川春町であったと考えられている。吉原の「通」を自称し、文化発信を続けた彼との関係は、蔦重が吉原関連の本で成功する大きな基盤となった。

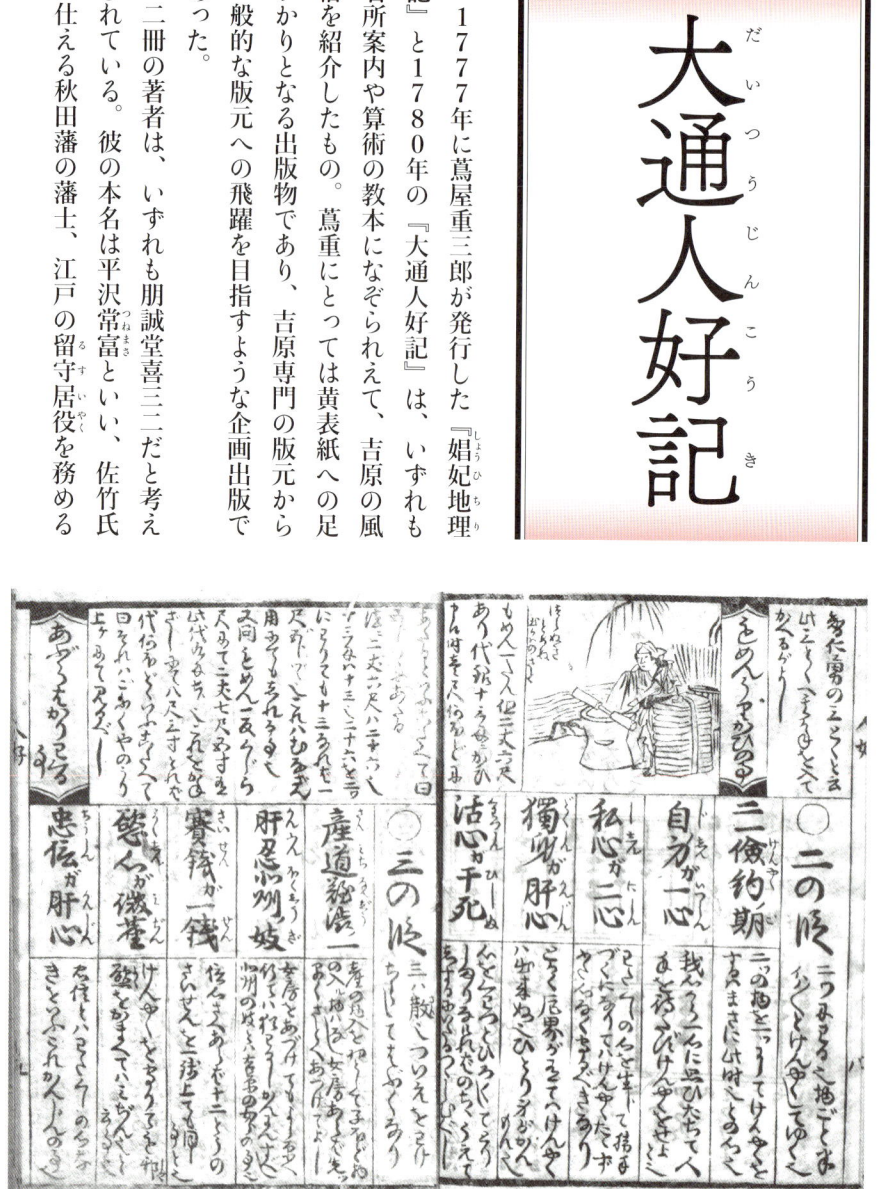

人物であった。

江戸留守居役の武士というのは、主君が参勤交代で江戸に出てきている時期でなければ、大概は情報収集活動として、他藩の留守居役との交遊に徹していることが多い。よって料理茶屋などがある吉原には頻繁に訪れる。

また時間があるため、狂歌師として活動をしたり、余暇に執筆などをする人間も多い。そんなことから喜三二は頻繁に吉原に出入りし、「通」と言われたお洒落な遊び人の代表として、男女が憧れる存在になっていた。自称ではあるが、「宝暦《ほうれき》の色男」と呼ばれるにふさわしい人気の文化人と認められていたのである。

そんな喜三二を「月成さん」と呼び、慕っていたのが、十歳ほど年下の蔦重だった。その出会いは鱗形屋から依頼された『吉原細見』の編集に始まるが、三十代の喜三二と二十代の蔦重。吉原の遊びを尽くしながら、「こんな本を出せば面白いのではないか」「将来はこんな版元になりたい」ということを話し合ったのであろう。必然的に二人の出版は、広い読者層をターゲットにした「黄表紙」へと向かっていく。

『大通人好記』から一年後、蔦重は自身の版元から、朋誠堂喜三二の筆による三巻本の『見徳一炊夢《みるがとくいっすいのゆめ》』を出版。題材は『金々先生栄花夢』のような夢物語であるが、舞台は古代中国の蜀の国で、本格的な黄表紙作品と言えるものであった。

この『見徳一炊夢』を絶賛したのが、天明期を代表する文筆家であり、評論家としても知られていた大田南畝である。その評価に対し、蔦重は版元の経営者として、南畝にわざわざ礼を言いに行ったという。メジャーな評論家に認められることで蔦重は、やがて一流の大手版元へと成長していく。

当然ながら大田南畝も、以後は蔦屋耕書堂における重要な著者の一人になっていくのである。

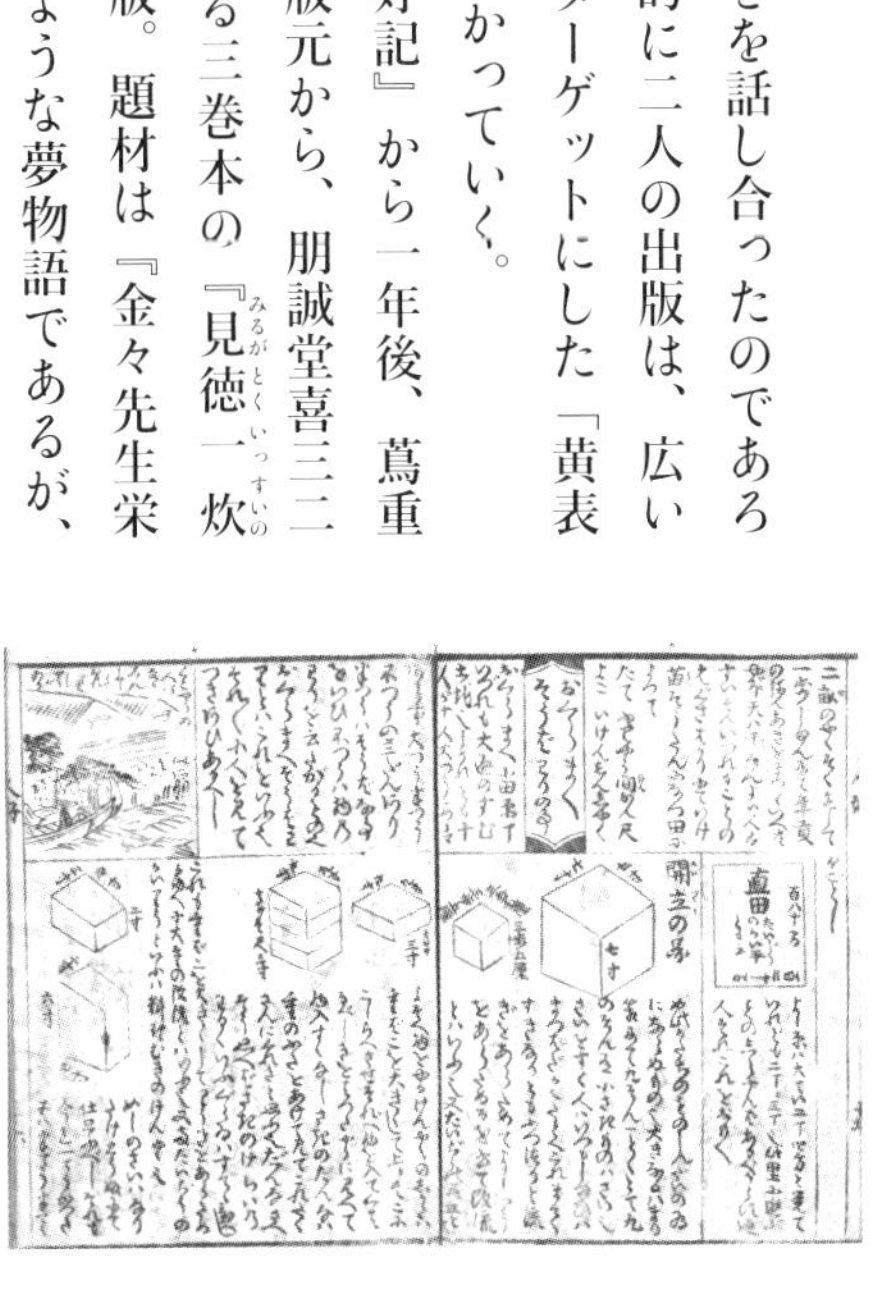

江戸生艶気樺焼《えどうまれうわきのかばやき》と箱入娘面屋人魚《はこいりむすめめんやにんぎょ》

黄表紙というジャンルが活性化するためには、既存の作家が書くだけでなく、新人作家が続々とデビューしていくことが必要になる。そして蔦屋重三郎が版元として成功したのも、まさに新人作家の発掘や育成に大きな力を発揮したことが大きかった。むろんそれは作家のみならず、日本を代表する浮世絵師にしても同様である。

蔦重が立ち上げた黄表紙も、成功したのは、人気の戯作者を次々と輩出することができたからであった。彼が初期に見出した作家の代表といえば、まず名前があがるのは、のちに江戸を代表する作家の一人となる山東京伝であろう。

山東京伝の本名は、岩瀬醒《さむる》。深川の質屋の息子として生まれ、蔦重より十歳年下になる人物であった。

裕福だった醒は、若いころから吉原に入り浸っていたようだが、浮世絵師になる道を目指し、「北尾派」を立ち上げた北尾重政に弟子入りする。その北尾重政は、蔦重が『一目千本』で挿画を依頼した絵師。

やがて北尾政演《まさのぶ》という名で絵師として仕事をするようになっていた山東京伝は、蔦屋耕書堂で黄表紙の挿画を引き受けるようになる。

挿画の仕事で関わるうちに、蔦重はすぐに政演のマルチな才能に気づいた。「絵だけでなく、物語も創作してみないか?」という提案は、おそらく蔦重が持ちかけたのだろう。

こうして絵師・北尾政演は、戯作者・山東京伝として作家デビューすることになる。ちなみに「京伝」という名は、住んでいた「京橋」と、呼び名であった「伝蔵」からのネーミングであった。

山東京伝としてのデビュー作は定かではないが、すでに1782年の『御存商売物《ごぞんじのしょうばいもの》』で黄表紙のヒット作を輩出。

1785年に蔦屋耕書堂から出版した『江《え》戸生《どうまれ》艶気樺焼《うわきのかばやき》』は、モテない醜男が、実在しない女性の名を入れ墨で彫ったり、心中騒ぎを自演したりして、懸命に意中の遊女の気を引こうとする姿を

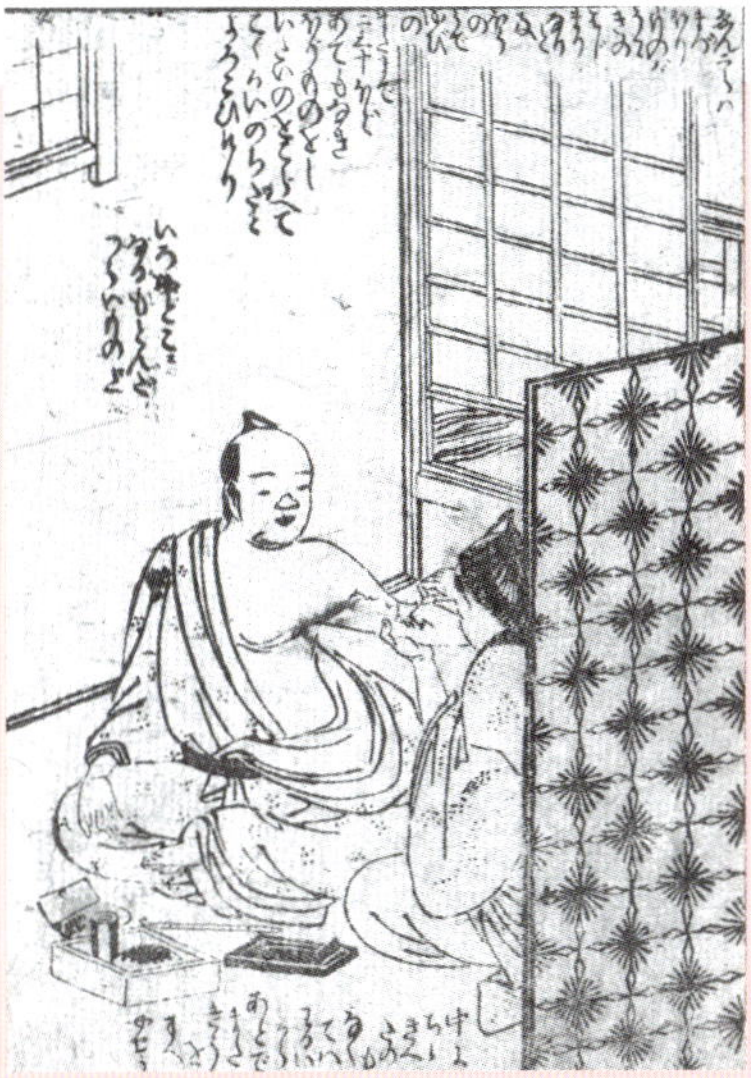

『江戸生艶氣樺焼』(山東京傳/1785年/所蔵:東京都立中央図書館)◉色男になりたいと願う、金持ちの放蕩息子・艶二郎と、吉原の遊女・浮名の物語。吉原のドタバタを通して主人公が人間的に成長していく物語は、山東京伝の人生を彷彿させる。このとき京伝は、若干24歳の新人作家であった。

滑稽に描いた作品である。

続く１７９１年の『箱入娘面屋人魚』は、浦島太郎の浮気によって、鯉の娼婦との間にできた人魚の女の子の出世話。

遊女にはなったものの、すぐに客から「生臭い」と言われクビになったり、自らの体を舐めさせて若返りの秘術で商売したりと、ナンセンスな作品ではあるが、最後は人情物として心をホッとさせてくれる。

そんな山東京伝に半ば弟子入りする形で、作家を目指したのが、のちに『南総里見八犬伝』を執筆する曲亭馬琴だった。

こうした才能ある作家を抱えることで、蔦重は有力版元への道を大きく踏み出していったのである。

すでに１７８３年に蔦屋耕書堂は本店を日本橋に移しており、江戸を代表する版元の一つになっていた。

『箱入娘面屋人魚』（山東京伝／1791年／所蔵：東京都立中央図書館）◉「吉原版の人魚姫」とでも言えそうな、ユーモアに溢れた作品。人間の世界で遊女を目指し、トラブルを何度も乗り越えながら幸福になっていく物語は、現代でも映画化できそうな面白さである。

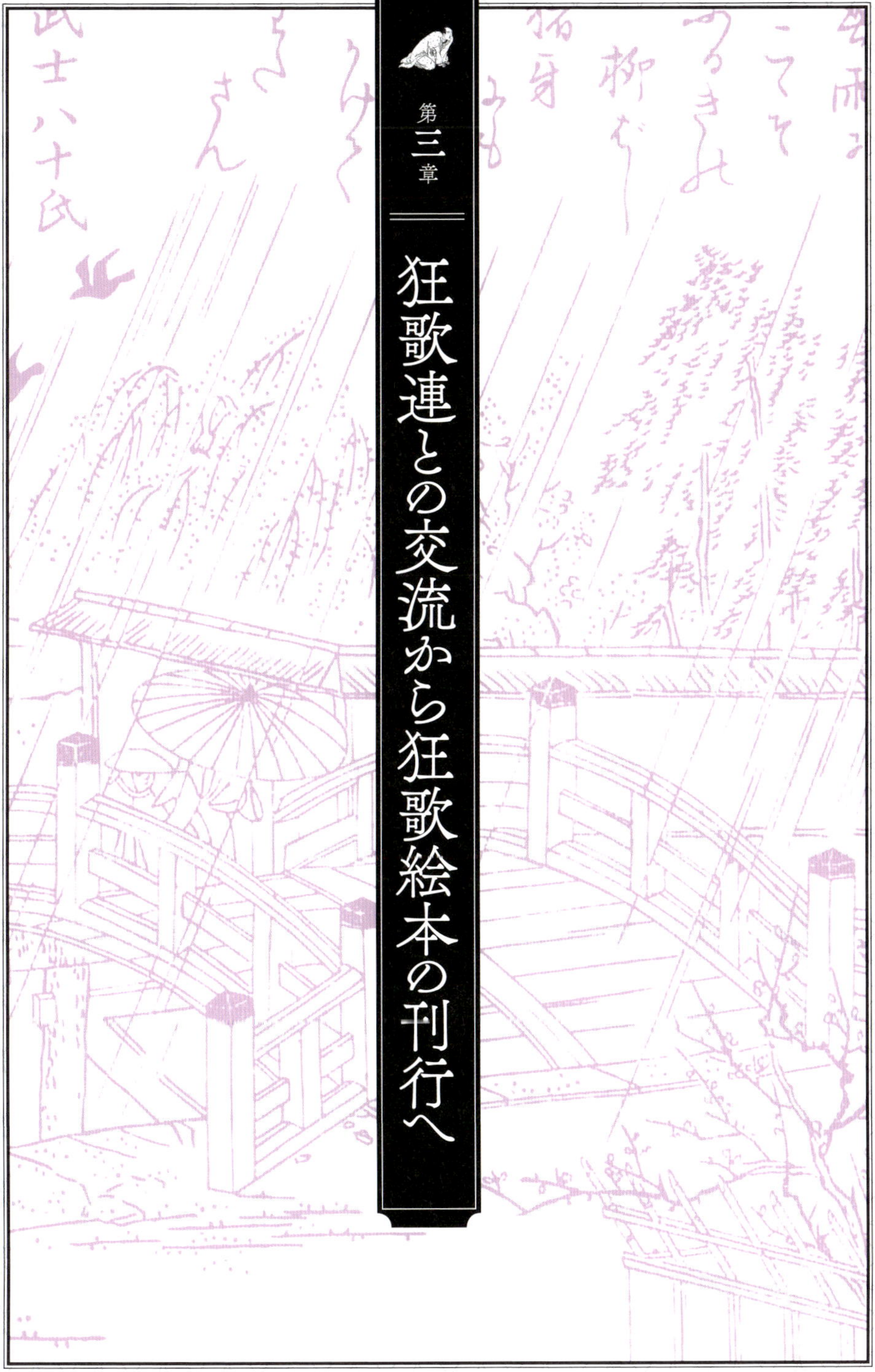

第三章

狂歌連との交流から狂歌絵本の刊行へ

吾妻曲狂歌文庫《あずまぶりきょうかぶんこ》と古今狂歌袋《こきんきょうかぶくろ》

「狂歌連」については、前章の『吉原大通会』の項目でも紹介した、狂歌師たちによるグループで、自身の歌を披露し、品評を行なう会を催す。蔦屋重三郎は吉原の妓楼と協力して「吉原連」をバックアップし、人気の狂歌師たちとの人脈を築いていった。

あらためて狂歌が何かといえば、五・七・五・七・七で詠むのは、和歌と同じ。ただ、この歌の中に社会風刺やアイロニーを盛り込み、大人のユーモアとして世相を斬るのが特徴であった。

ときは商業を重視した田沼意次が政権を担い、お上を皮肉るような自由な発言も許されていた天明の時代。狂歌は江戸のブームとなり、狂歌師たちの作品は注目の的であった。

その中心にいたのは、評論家としても知られていた大田南畝《おおたなんぽ》と、彼の弟子で、国学者でもあった石川雅望《いしかわまさもち》である。

雅望は、狂歌師としては「宿屋飯盛《やどやのめしもり》」として知られる人物。「宿屋」というのは、彼の生家が小《こ》伝馬町《でんまちょう》で旅宿を経営していたことに由来する。

文学的な知識に乏しかった蔦重は、この三歳年下だった飯盛をブレーンにして、狂歌を主体にした黄表紙の企画を量産していく。

中でも評判だったのは、人気のある狂歌師たちの作品に、絵師による挿画を添えてビジュアルで紹介する「狂歌絵本」と呼ばれるジャンルの作品だった。

1786年に蔦屋耕書堂が発行した『吾妻曲狂歌文庫』は、飯屋飯盛の撰による狂歌絵本である。収録した狂歌は、四方《よもの》赤良《あから》（大田南畝）、手柄岡持《てがらのおかもち》（朋誠堂喜三二《ほうせいどうきさんじ》）、酒上《さけのうえの》不埒《ふらち》（恋川春町《こいかわはるまち》）、尻焼猿人《しりやけのさるんど》（酒井抱一）、朱楽菅江《あけらかんこう》、花道つらね（五代目市川團十郎）など五一人。

しかもただ狂歌を並べていくのでなく、それぞ

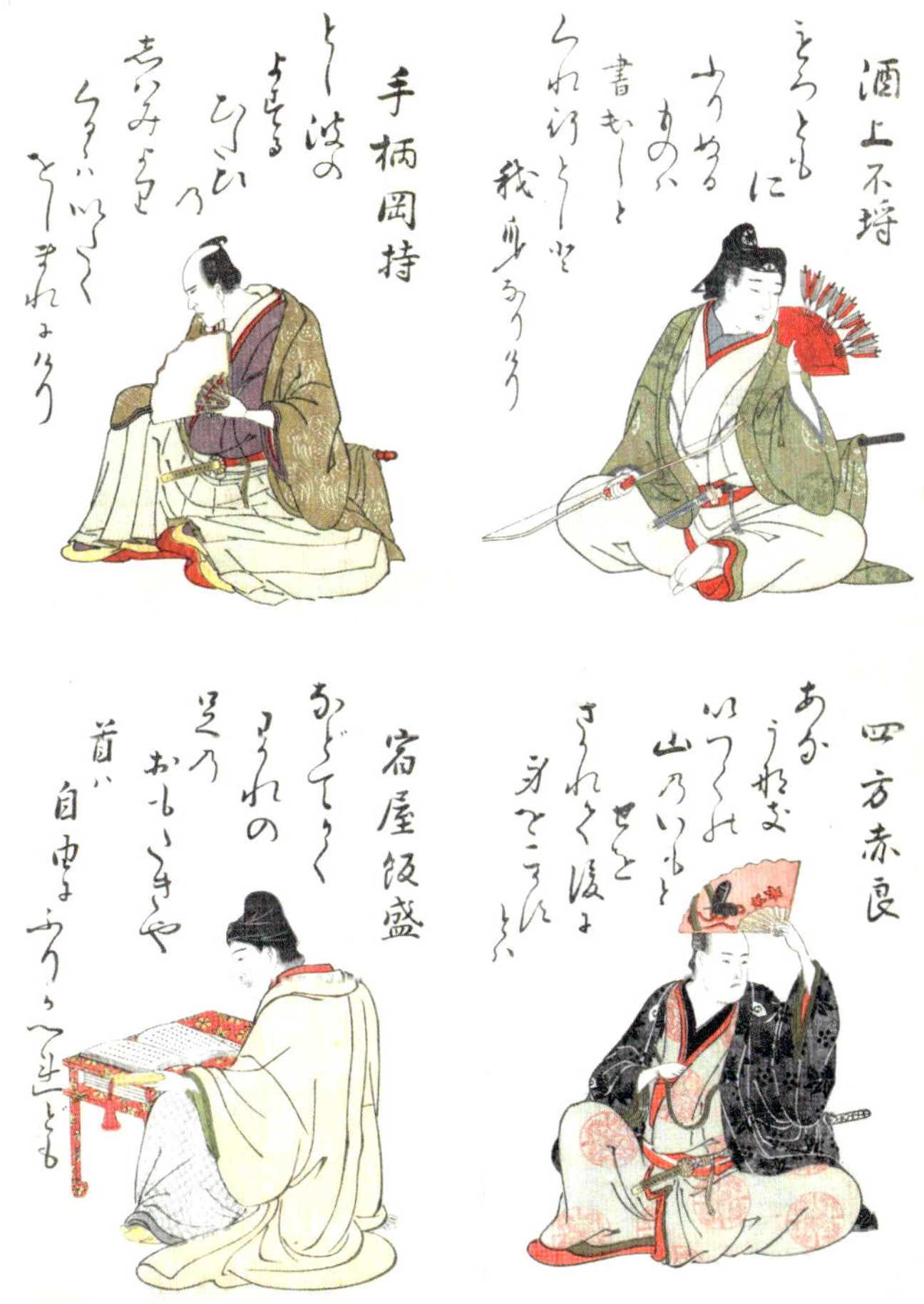

『吾妻曲狂歌文庫』（宿屋飯盛編／山東京伝画／1786年／所蔵：東京都立中央図書館）◉百人一首の歌人に似せて描いた姿は、酒上不埒［恋川春町］、四方赤良［大田南畝］、手柄岡持［朋誠堂喜三二］、そして撰者の宿屋飯盛（石川雅望）。画像や動画のない時代、こうして狂歌師の姿が描かれることは読者にも好評であった。

れの狂歌師は、あたかも『小倉百人一首』に見るような、平安時代の歌人の姿で描かれている。代表的な歌とともに、当人の仮装した肖像画が掲載され、さながら「狂歌師名鑑」といった体裁である。

映像メディアのない江戸時代、人気の狂歌師の姿を知ることができるのは、ファンにとって無上の喜びであったことは想像に難くない。ゆえに本作はおおいに売れた。それぞれの肖像画を描いたのは、北尾政演《まさのぶ》こと、自身も狂歌師だった山東京伝だ。

『吾妻曲狂歌文庫』が好評だったことにより、翌年の1787年には、再び宿屋飯盛撰、北尾政演画のコンビで、より百人一首を意識した『古今狂歌袋』を出版している。

いずれも文学者でもあった石川雅望（宿屋飯盛）の知識を活かし、大衆文学だった狂歌を知的に楽しむセンスある作品で、まさに「粋」を好む江戸の知識人に好評な黄表紙となった。

『古今狂歌袋』（宿屋飯盛編／1787年／所蔵：国立国会図書館デジタルコレクション）◉『吾妻曲狂歌文庫』の続編。それぞれ尻焼猿人（酒井抱一）、元木網《もとのもくあみ》、門限面倒《もんげんめんどう》（高橋徳八）、平秩東作《へづつとうさく》（立松東蒙《たてまつとうもう》）という狂歌師。酒井抱一は抱一派を創立した画家であり、姫路藩主・酒井忠以の弟でもあった。

江戸爵《えどすずめ》

狂歌絵本のブームの中、蔦重が挿画の機会を与えることで大成した絵師が、東洲斎写楽、葛飾北斎、歌川広重と並んで、日本を代表する浮世絵師四天王の一人となる、喜多川歌麿である。

歌麿の生い立ちについて詳しいことはわかっていないが、蔦重よりは三歳ほど年下。幼いころ、『画図百鬼夜行』で知られる鳥山石燕《せきえん》に弟子入りし、北川豊章《とよあき》を名乗っていた。

その石燕との縁で歌麿の才能を知った蔦重は、彼を恋女房ともども店舗兼自宅に住まわせ、描く機会を矢継ぎ早に与えていく。喜多川歌麿という名前も、蔦重の姓の喜多川に、自身の狂歌名である蔦唐丸《つたのからまる》に似せて、蔦重が与えた名前だ。

『浮世絵の歴史』（山口桂三郎著、講談社学術文庫）によると、この時期に蔦重がプロデュースし、歌麿の挿画を採用した黄表紙は次のとおり。

『絵本江戸爵《すずめ》』（天明六年）、**『絵本詞の花』『麦生子』**（天明七年）、**『画本虫ゑ《え》らみ』**（天明八年）、**『わかん東』『絵本譬喩節』『狂月望』**（寛政元年）、**『潮干のつと』『百千鳥』**（寛政初年）、**『銀世界』『普賢像』『絵本吾妻遊』『絵本駿河舞』**（寛政二年）

これらのうち、歌麿が単独で挿画を担当したのは、

『画本虫ゑらみ』『わかん東』『狂月望』『潮干のつと』『百千鳥』『銀世界』『普賢像』

の七作品とのこと。

蔦重が最初に歌麿を活用した『絵本江戸爵』には絵師のクレジットがないが、寛政時代に蔦屋の出版物で使用された巻末広告「耕書堂蔵板絵本目録」において、「絵本江戸爵　喜多川歌麿　三冊」と記されている。ここからも天明のころは無名だった歌麿が、数年の後には宣伝に追加されるほどの人気絵師になっていたことが伺える。

あらためて『絵本江戸爵』がどんな絵本かといえば、上・中・下、三巻二十四図からなる主に江戸の風景画と狂歌を組み合わせたもの。序文は大田南畝、唐衣橘洲《からころもきっしゅう》とともに「狂歌三大家」と言われた狂歌師の朱楽菅江が執筆し、狂歌の選定は蔦唐丸、すなわち蔦重自身が担当している。

当時、狂歌絵本の絵師として、蔦重が最も活用していたのは、同時期の『絵本八十宇治川《やそうじがわ》』や『絵本吾妻花《あづまばな》』でも挿画を描いている北尾重政であり、独自の美人画は読者から好評を得ていた。歌麿もその影響を大きく受けているが、背景の細かさなどには、すでに『江戸爵』の段階から独自の方向性も表れている。その後の『画本虫ゑらみ』で、この画風は一気に開花することになった。

ちなみに「江戸爵」とは、江戸中の事情に通じ、それをあちこちで話す人を「雀」に例えた語句。広義では「江戸の地誌」やガイドブックを指す言葉としても使用されるようになり、本書でもタイトルに採用されている。

「江戸爵」（喜多川歌麿筆／1786年）※『日本風俗図絵 第12輯』（黒川真道編／日本風俗図絵刊行会／1914-1915年／所蔵：国立国会図書館デジタルコレクション）に収録◉狂歌師、朱楽菅江による序文。蔦唐丸、つまり蔦屋重三郎が江戸の名勝を選び、下絵を描かせてから歌を依頼したとある。朱楽菅江は大田南畝らとともに狂歌の巨頭として知られた存在。狂歌について多くの理論書を残している。

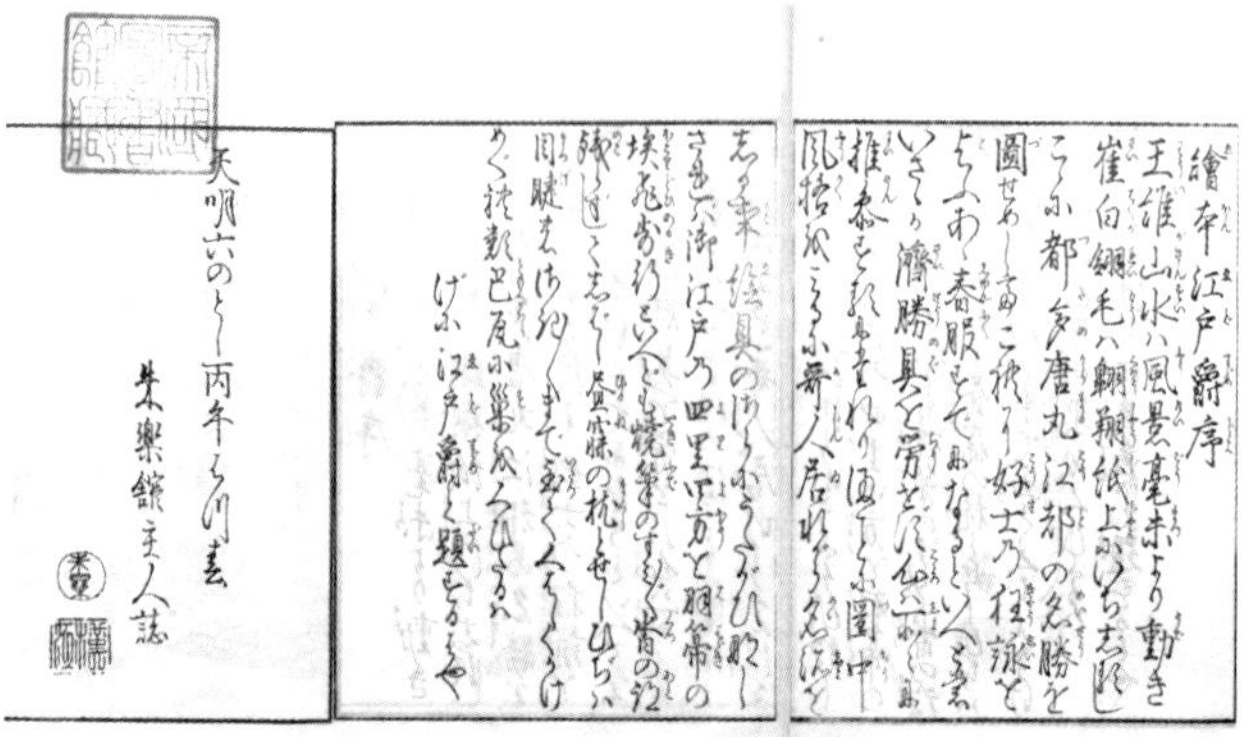

絵と狂歌で江戸名所を案内

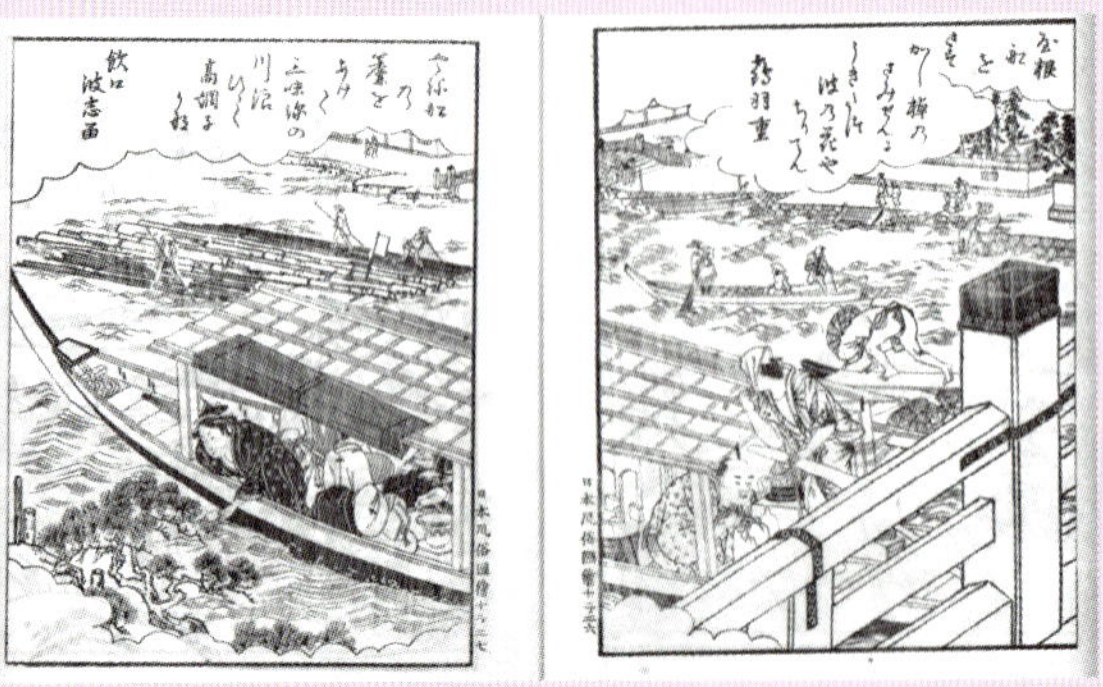

「江戸爵」（喜多川歌麿筆／1786年）※『日本風俗図絵　第12輯』（黒川真道編／日本風俗図絵刊行会／1914-1915年／所蔵：国立国会図書館デジタルコレクション）に収録◉寿司の屋台（歌は白川《しらかわ》与《よ》布《ふ》祢《ね》と菊賀《きくが》三昧《ざんまい》）、屋根船（歌は鶴《つるの》羽《は》重《かさね》と飲口《のみくち》波《は》志《し》留《る》）、橋（武《もの》士《のふ》八《や》十《そ》氏《うじ》と坂下《さかした》年寄《としより》）。爵は「雀」であり、雀のように江戸のあちこちを飛んで見た風景の意。ただ、その場所がどこであるかは特別に記されていない。

画本《えほん》虫ゑらみ《むしえらみ》

1788年に蔦重が出版した『画本虫ゑらみ』は、初の多色摺狂歌絵本であり、喜多川歌麿の名を世に知らしめた出世作と言ってもいい作品だろう。

本書の特徴は、そのままで生物図鑑になりそうな、繊細で精緻なタッチの植物や虫、蛇や蛙などの小動物の図である。全十五図からなる自然の絵には、宿屋飯盛（石川雅望）が選出した人気狂歌師の歌が添えられ、目にも鮮やかなフルカラーの美しい絵本となっている。

彫摺も凝りに凝っている。彫るのが困難な極細の筆に加え、銀摺りや空《から》摺《ず》り（エンボス加工）などを多用している。相当に手間をかけた絵本であることは間違いない。

「虫ゑらみ＝虫遊び」のタイトルは「虫歌合」から着想を得ている。

「虫歌合」とは「さまざまな虫たちが競って和歌を詠んだ」という物語に端を発したもので、もと

『画本虫ゑらみ 』（宿屋飯盛撰／喜多川歌麿筆／1788年／所蔵：国立国会図書館デジタルコレクション）◉鳥山石燕による序文。石燕の有名な作品といえば、1776年に刊行された妖怪の画集『画図百鬼夜行』だろう。その作品はほぼ版元から出版されたもので、浮世絵師とはされるものの錦絵の作品は残っていない。

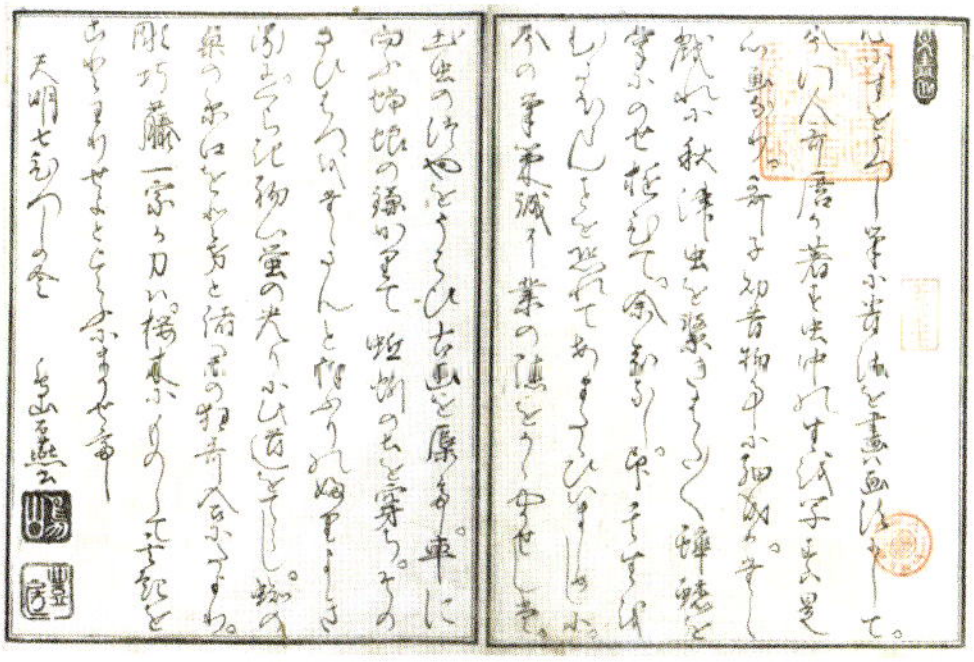

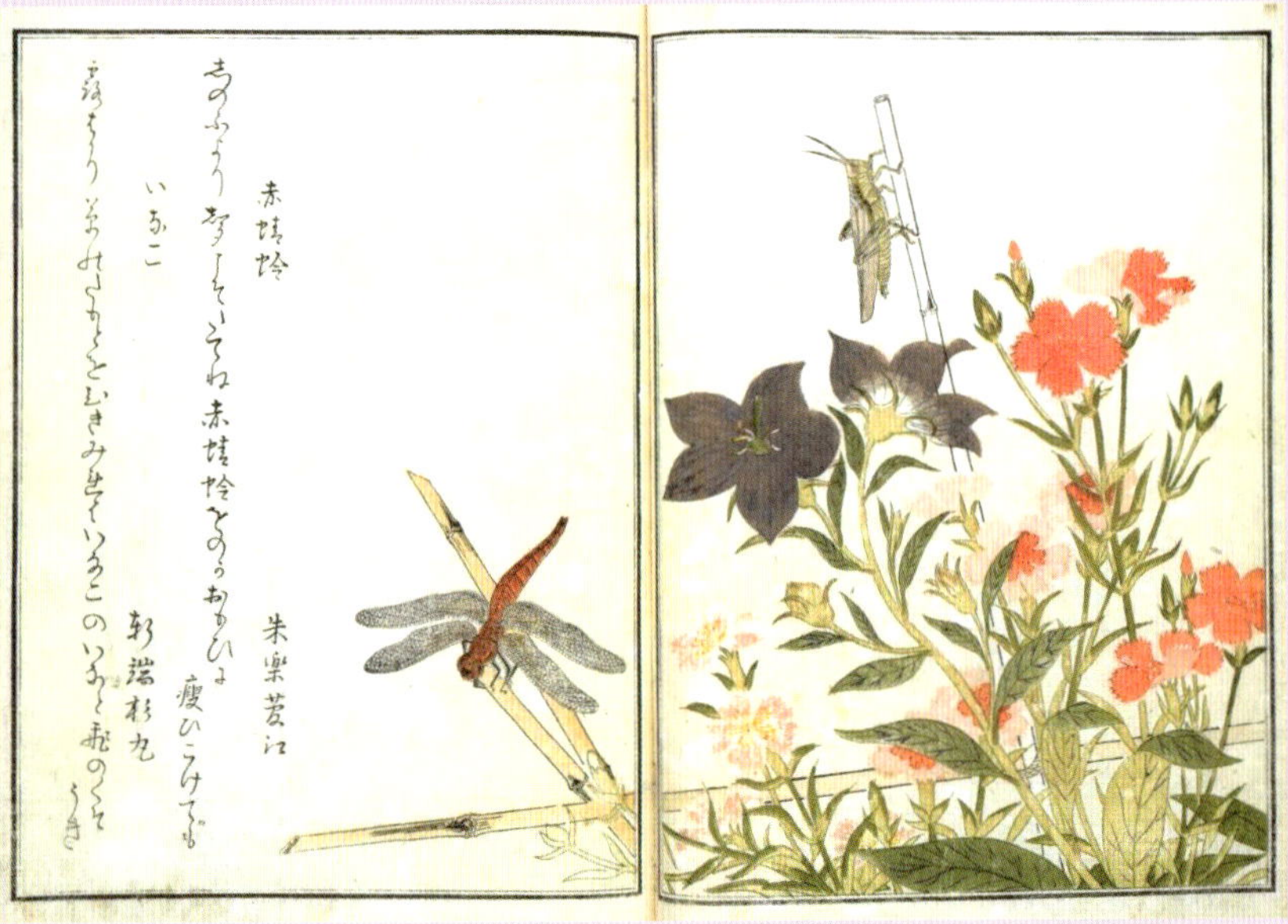

『画本虫ゑらみ 』(宿屋飯盛撰/喜多川歌麿筆/1788年/所蔵:国立国会図書館デジタルコレクション)◉上は赤とんぼとイナゴ。赤とんぼの歌は朱楽菅江が詠み、イナゴは軒端杉丸《のきばすぎまる》。下のタケノコとともに描かれるのは、ハサミムシとけら。けらは耶奈伎波良牟加布《やなぎはらむこう》、ハサミムシは桂眉住《かつらまゆずみ》という狂歌師が歌を載せている。

は安土桃山時代から江戸時代前期に活躍した歌人、木下長嘯子《ちょうしょうし》が絵巻物などに記した作品。美しい玉虫のお姫様の気を引こうと、セミやキリギリスなどの代官たちが歌を競うユーモラスな物語である。

この物語にちなみ、「左右に分かれて相手が出してきた虫にちなんだ歌を詠む」という余興を江戸の歌人たちは行なっていた。そのために野外で実施された虫取りが、「虫ゑらみ」である。

歌麿はトンボや蜂などの昆虫に加え、蛇やトカゲ、カエルやカタツムリなどの詳細も、植物の花や葉とともに生き生きと鮮やかに描いている。狂歌絵本とは言いながら、あくまでこの書物は、絵を売り出すもの。それぞれの狂歌は、ほとんど飾りのようにすら見えてしまう。

本の序文には歌麿の師匠であった鳥山石燕が文章を寄せており、挿画を描いた愛弟子を、このように評している。

「（歌麿は）幼いころから物事を細部にわたって観

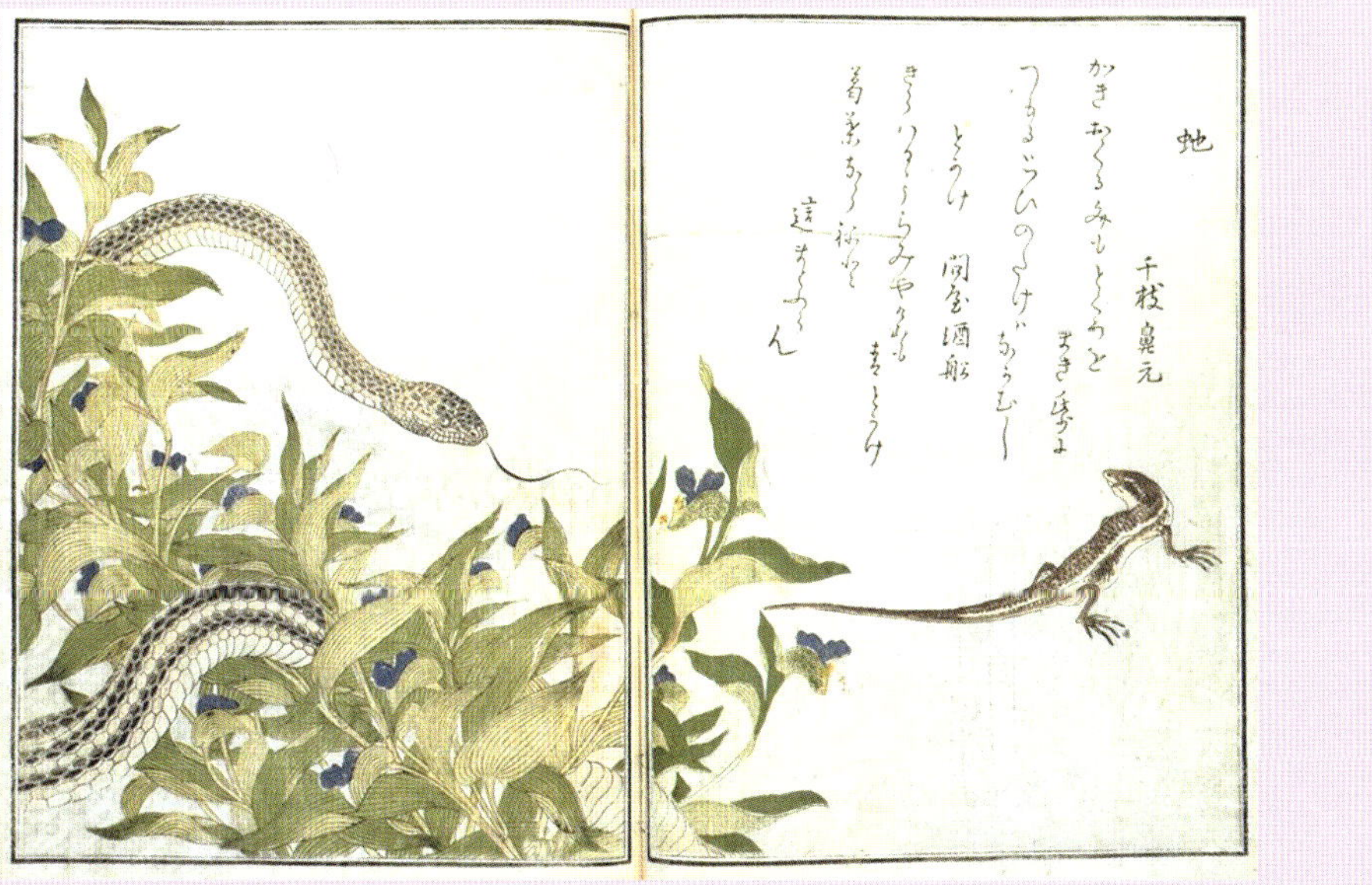

『画本虫ゑらみ』（宿屋飯盛撰／喜多川歌麿筆／1788年／所蔵：国立国会図書館デジタルコレクション）◉鱗までが細かく描かれた蛇とトカゲ。蛇の歌は千枝鼻元《ちえのはなもと》、トカゲの歌は問屋酒船《とんやのさかふね》による。虫以外の小動物では、ほかにカエルやカタツムリが登場している。

察し、秋の虫たちと戯れ、コオロギを手のひらに乗せて眺めるなど、絵の探求に余念がなかった」

蔦重はそんな歌麿の個性をいち早く見抜き、吉原で開催される狂歌の会に連れて行っては、皆が要望するものを即興で精密に描くような〝お披露目パフォーマンス〟を実演していたという。

こうして歌麿を「流行の狂歌師たち一推しの絵師」に仕立て上げ、満を辞して世に披露したのが『画本虫ゑらみ』だったのである。

歌麿の才能はもちろんであるが、蔦重が仕込んでいった売るための仕掛けは、現代人も大きく見習うべきところであろう。

さらに、蔦重が流石なのは、一番の得意技とはいえ、歌麿を虫や草木を描くニッチな画家で終わらせる気がまったくなかったことだ。歌麿の才能を、もっと大衆が喜ぶ分野に向けさせた。それが何かといえば、「春画」であった。

蔦重は歌麿に自然を描かせながら、一方で吉原の遊郭に連れていき、男女の営みを冷静に観察させた。その才能は同年に発表された『歌まくら』で開花するが、のちに「美人大首絵」で、女性の複雑な表情までを描き分けることで世界に賞賛される浮世絵師・喜多川歌麿は、こうしてその才能を磨き上げていったのである。その方向性は多く、蔦屋重三郎が用意した路線に沿ったものであった。

『画本虫ゑらみ 』（宿屋飯盛撰／喜多川歌麿筆／1788年／所蔵：国立国会図書館デジタルコレクション）◉上の丸ナスのような野菜と描かれているのは、カタツムリとクツワムシ。歌はそれぞれ高利苅主《こうりのかしぬし》と貸本古喜《かしほんふるき》という狂歌師が詠み、クツワムシの鳴き声は、泣き喚く女性の声に喩えられる。下の黒く塗った背景で描かれるのは、マツムシと蛍で、蛍の赤い頭部のみが鮮やかで際立っている。歌はそれぞれ土師掻安《はじのかきやす》と酒樂齋瀧麿《しゅらくさいたきまろ》による。

『画本虫ゑらみ』(宿屋飯盛撰／喜多川歌麿筆／1788年／所蔵：国立国会図書館デジタルコレクション)
◉赤やピンクの花が鮮やかな、蝶とトンボのページ。蝶の歌は稀年成《まれとしなり》、トンボの歌は一冨士二鷹《いちふじにたか》という狂歌師が読む。夢で蝶に変身し、花を唇に見立てて吸う内容はいかにも大人向けの黄表紙らしい。

潮干《しおひ》のつと

　喜多川歌麿の多色摺り狂歌絵本の第二弾。『潮干のつと』とは「潮干狩りの土産」の意味。大小さまざまな貝殻と人物を描いた狂歌絵本で、『画本虫ゑらみ』の〝貝バージョン〟と言えるもの。翌年の『百千鳥《ももちどり》』と合わせ、蔦屋重三郎は「狂歌歌合」のシリーズとして、「虫・貝・鳥」の三部作を刊行した（予告では「獣の部」と「魚の部」もあったが刊行されなかった）。

　貝の絵は見開き六ページ、六図から成り、各図誌面の下側に六種類の貝を並べ、上側にそれぞれ

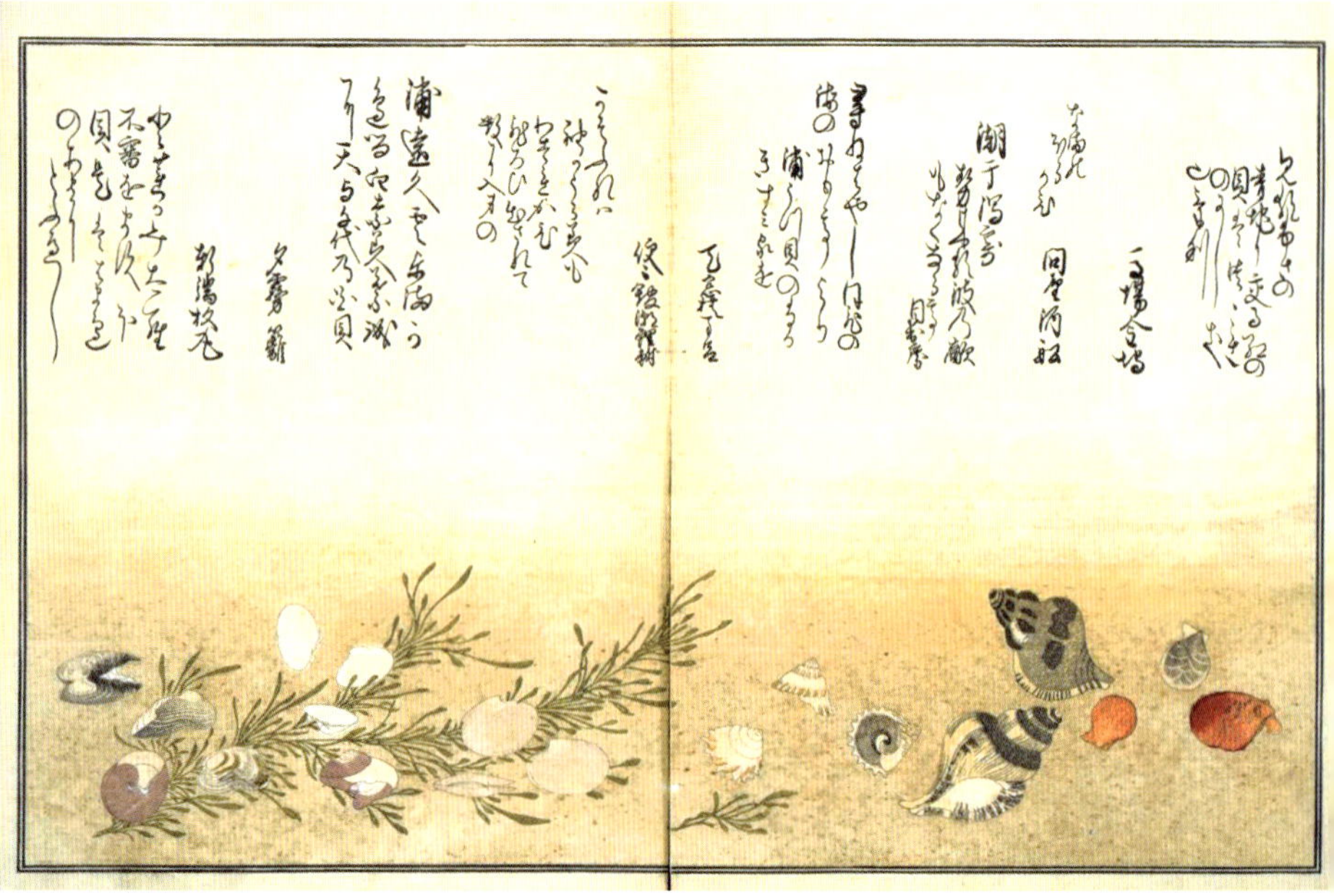

『潮干のつと』（朱楽菅江編／喜多川歌麿筆／1789年／所蔵：国立国会図書館デジタルコレクション）◉撰者は朱楽菅江で、彼が主催する朱楽連という狂歌師のメンバーの提案で作られた狂歌絵本とされる。よって歌は36連と多く、『画本虫ゑらみ』と比べれば、挿画は下半分で控えめになる。

の貝を詠んだ六種の歌を収める。歌は三十六人の狂歌師による歌を、狂歌三大家の一人、朱楽菅江が選定している。

貝殻という地味なモチーフではあるが、歌麿は二枚貝のみでなく、サザエやアワビ、帆立など多種な貝を効果的に描き、その表面には雲母を用いたり、「空摺り」という凸凹を出す木版手法を用いて、貝の質感を見事に表現している。

それに加え、見開き二図を使って鮮やかに描いた「潮干狩りの風景」や「貝殻を使用した遊戯」の風景では、レジャーを楽しむ大勢の人々の様子を明るく描写している。この真逆の絵柄によるコントラストは、歌麿の才能を大きくアピールしたであろう。

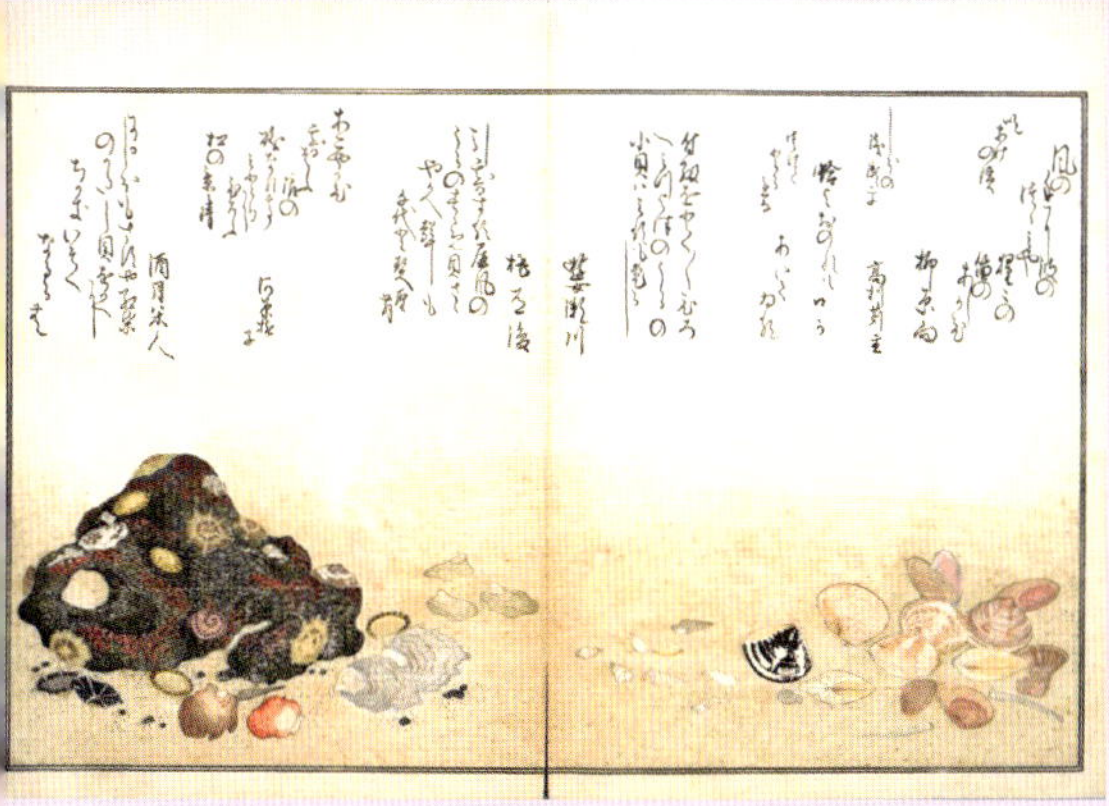

↑『潮干のつと』（朱楽菅江編／喜多川歌麿筆／1789年／所蔵：国立国会図書館デジタルコレクション）◉潮干狩りの風景と「貝歌合」の風景。潮干刈りは、狂歌会の催しとして千葉県の袖ヶ浦で開催されていた。貝歌合は、1690年に刊行された「三十六貝歌合」という歌集に倣ったもの。この歌集では西行や紀貫之、藤原定家など王朝期の歌人の貝を歌った和歌が36首厳選されている。

↑『潮干のつと』（朱楽菅江編／喜多川歌麿筆／1789年／所蔵：国立国会図書館デジタルコレクション）

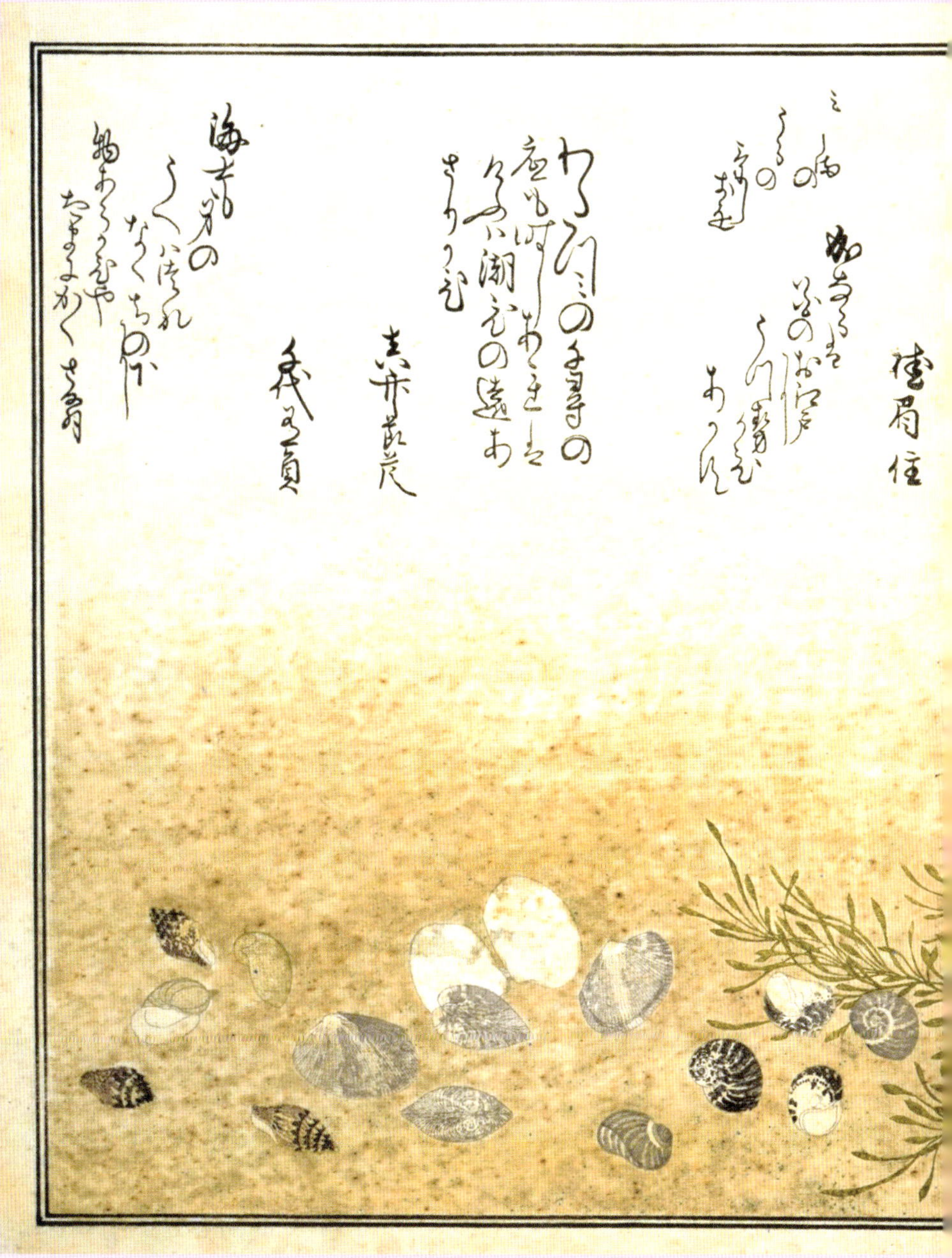

『潮干のつと』（朱楽菅江編／喜多川歌麿筆／1789年／所蔵：国立国会図書館デジタルコレクション）
◉貝の摺に雲母や空摺が多用されていたり、貝殻に波模様が入っていたりなど、版によって若干、手法が異なって刷られている。印刷技術が発展するとともに、重版も改良されていったのだろう。

百千鳥《ももちどり》

『百千鳥』、あるいは『百千鳥狂歌合』と題されるこの作品は、「虫・貝・鳥」の三部作の最後で、『画本虫ゑらみ』の〝鳥バージョン〟と呼べるようなもの。鷹やミミズク、百舌や鶯など、十五種類の鳥の絵に、狂歌師たちによる十五種類の歌を組み合わせている。『虫ゑらみ』や『潮干のつと』と同様の多色摺り絵本で、すべての挿画は喜多川歌麿が描いている。

狂歌の撰者は、狂歌師の畑《はた》（赤松《あかまつ》）金鶏《きんけい》。本書では「奇々羅金鶏《ききらきんけい》」と記されている。選んだ歌はすべて恋の戯れ歌で、「百千鳥」とは「多くの鳥」を意味する言葉である。

シリーズの最初の作品であった『画本虫ゑらみ』の広告を見ると、当初、蔦屋重三郎は宿屋飯盛と協力し、「虫・貝・鳥」でなく、「鳥・魚・獣」のシリーズ刊行を考えていたらしい。その際には狂歌師に歌の創作を依頼するのでなく、名を売りたい無名の歌師から「入歌料」を調達して、誌面に狂歌を掲載する方法も考えていた。この計画がどれほどうまくいったのかは不明だが、現代の出版と同様、リスクを避けるため

『絵本百千鳥』（赤松金鶏選／喜多川歌麿筆／1789年頃／所蔵：国立国会図書館デジタルコレクション）

のさまざまなビジネスモデルを、蔦重は考えていたことが想像される。

結果、「魚」と「獣」の企画は実現しなかったが、喜多川歌麿の人気は揺るぎないものとなった。

『絵本百千鳥』(赤松金鶏選／喜多川歌麿筆／1789年頃／所蔵：国立国会図書館デジタルコレクション)◉鶏とホオジロの歌。鶏の歌は蔦重とも仲のよかった宿屋飯盛のもの。ホオジロは芦辺田鶴《あしべのたづ》丸《まる》という狂歌師による。

『絵本百千鳥』(赤松金鶏選／喜多川歌麿筆／1789年頃／所蔵：国立国会図書館デジタルコレクション)◉雀の歌と鳩の歌。雀は綾織主《あやのおりぬし》、鳩は園胡《そののこ》蝶《てふ》という狂歌師の歌が選ばれている。鳩の細い描写は、まさに喜多川歌麿の写実性が光っている。

『絵本百千鳥』（赤松金鶏選／喜多川歌麿筆／1789年頃／所蔵：国立国会図書館デジタルコレクション）◉上はウズラとヒバリ。歌は頭光《つぶりのひかる》と、銭屋金埒《ぜにやのきんらち》によるもの。下は鶺と鷺の水鳥で、歌は唐来三和《とうらいさんな》と鹿都部真顔《しかつべのまがお》のものが選ばれている。宿屋飯盛、頭光、銭屋金埒、鹿都部真顔は狂歌師四天王と呼ばれた歌人。

第四章

公権力からの圧力のあった時期

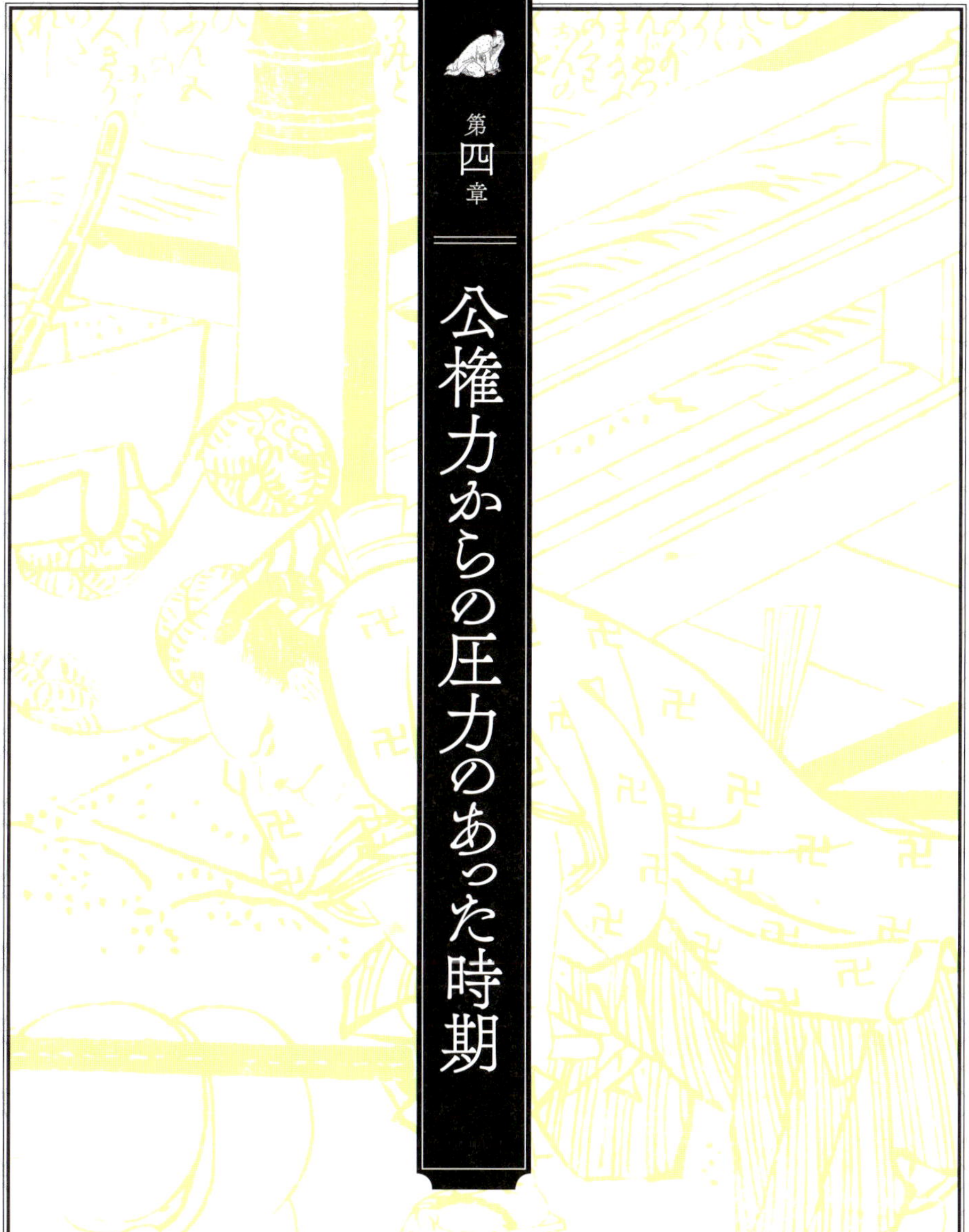

文武二道《ぶんぶにどう》万石通《まんごくどおし》

蔦重が黄表紙でヒットを量産し、喜多川歌麿をデビューさせた時代、幕府で行政を担っていたのは、老中・田沼意次であった。

田沼といえば、汚職政治家の代表としてとらえる人も多いだろう。だが彼が経済政策を実行した時代は、江戸の商業が活性化し、自由な気風のなか、文学や絵画、歌謡や芝居などの大衆文化が最も栄えた時代であった。規制も緩かったため、公権力を皮肉った狂歌も、公序良俗のギリギリを攻めるような出版物も、時代の風潮でゆるされたの

田沼意次の政治

- 江戸の商業が活性化
- 自由な気風で大衆文化が栄える
- 規制がゆるやか

⇐

松平定信の政治（寛政の改革）

- 厳格な秩序や清貧を重視
- 厳しい言論統制や出版禁止へ
- 版元・作家・絵師の処罰など「筆禍」につながる

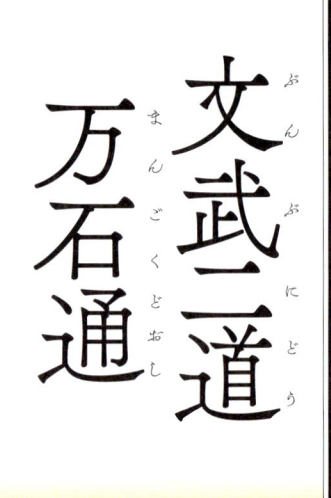

である。そこに民衆のニーズがあることを蔦重はよくわかっていた。

しかし1782年には天明の大飢饉が起き、大商人にばかり優しい幕府の経済政策に不満が高まる。そして1784年には意次が後継者とみなしていた息子、若年寄の田沼意知《おきとも》が旗本の佐野政言《まさこと》に殺害される事件が起こった。その二年後に将軍の徳川家治が死去し、田沼意次も辞任することになる。

代わって実権を握ったのは、十一代将軍・徳川家斉の補佐役を務めた老中・松平定信であった

以後、松平定信が行なった政治改革を「寛政の改革」と呼ぶが、天災で困窮した民衆を救済し、貧しい武士の借金を帳消しにするという点では、社会福祉的な成果を得る。

しかし八代将軍吉宗の時代を理想とし、厳格な秩序や清貧を説く「朱子学」を重視した彼の政策は、やがて厳しい言論統制や出版禁止に向いていく。自由な出版が発禁の措置に遭い、版元の経営

『文武二道万石通/喜三二作：行麿画』（朋誠堂喜三二／早稲田大学図書館所蔵）◉源頼朝の命を受けた畠山重忠が、取り柄のない「のらくら武士」を文武二道に分けようとするもの。箱根に連れていって彼らは選別されるが、将棋などをする武士は「教養がない」とされた。

者、作家、絵師たちが処罰され、執筆を禁止される「筆禍」の時代がやってきたのである。

1788年に朋誠堂喜三二《ほうせいどうきさんじ》が創作し、蔦重が発行した『文武二道万石通』は、このような筆禍を受けた黄表紙作品の発端になったものだ。

『文武二道万石通』の内容は、鎌倉時代の源頼朝と家臣の畠山重忠《はたけやましげただ》を中心にした物語だが、明らかに現政権を揶揄《やゆ》したもの。畠山は頼朝に役に立つ武士の選別を命じられるのだが、教養の乏しい彼は「将棋や双六をする者」とか「茶の湯をする者」など、文化的な素養を持った武士たちをどんどん排除していく。挿画は喜多川歌麿に弟子入りしていた絵師、喜多川行麿《ゆきまろ》が担当した。

読む人が読めば、『文武二道万石通』は秩序を重視するあまり、江戸の〝粋〟に通じた者を排除しようとする寛政の改革を皮肉ったものだとすぐわかる。同時に時の権力者、松平定信を「風流がわからぬ者」とバカにする趣旨でもあった。

そして作者の朋誠堂喜三二といえば、その正体は、秋田藩士の平沢常富《つねまさ》で、公権力に属する側。すでに正体も公然となっていたため、彼は藩主の佐竹義和《よしまさ》に呼び出され、激しく叱責されることとなる。

朋誠堂喜三二は以後、黄表紙のジャンルから手を引くことになった。相変わらず吉原には出入りし、狂歌師としては活動を続けたが、その作品数は少なくなっていく。

『文武二道万石通/喜三二作：行麿画』（朋誠堂喜三二／早稲田大学図書館所蔵）◉茶や香を嗜む風流な者たち。文化的な素養を理解せず、時代錯誤な清貧を武士に求める寛政の改革を、喜三二はユーモラスに皮肉っていた。

鸚鵡返《おうむがえし》文武二道《ぶんぶのふたみち》

「寛政の改革」を痛烈に皮肉って、江戸の町人に絶賛された朋誠堂喜三二の『文武二道万石通』。恋川春町《こいかわはるまち》の『鸚鵡返文武二道』は、その作品に呼応して、翌・1789年に蔦屋耕書堂が出版した黄表紙であった。

「鸚鵡返」というのは、オウムのように他人が言った言葉を、その本意を理解もせずに繰り返すこと。松平定信が武士の教本として自ら編集した、『鸚鵡之詞《おうむのことば》』という書物を意識したタイトルである。

『鸚鵡返文武二道』の内容は、平安時代、醍醐天皇のころを舞台にしているが、武芸を奨励した朝廷の言葉を勘違いした貴族たちが武勇を競い合い、町中で剣を振り回したりして大混乱を起こす物語である。その挿画は、北尾政美《まさよし》（後の鍬形蕙《くわがたけい》斎《さい》）が担当した。

舞台は平安時代だが、街並みは完全に京ではなく、江戸。登場人物たちの姿も、貴族よりは同時代の武士たちを彷彿させる。つまり、『鸚鵡返文武二道』で描かれたのは、明らかに時代錯誤な武士の美徳を江戸の町に復活させた松平定信の愚かさだった。

寛政の改革に不満を抱えていた庶民は、パロディ化された『鸚鵡返文武二道』に大喝采し、この黄表紙は売れに売れた。ただ、パロディが売れれば売れるほど、当の定信のはらわたも煮

『鸚鵡返文武二道』（寿亭春町／1789年／東京都立図書館所蔵）◉刀を振り回す貴族たちだが、使い方はかなり間違っている。滑稽な『鸚鵡返文武二道』は江戸庶民に絶賛されたが、作者の恋川春町は責任を問われ、命を落とすことになる。

えくり返ったのではないだろうか。

朋誠堂喜三二と同様、恋川春町の正体も、倉橋格《いたる》という藩士であった。しかも紀州徳川藩の家臣の家から養子入りし、駿河小島藩では重臣となり、領地も持っている身分であった。そんな人間が幕府の改革に逆らう出版をしたとなれば、果たして小さな藩は、どんなお咎めを受けるだろうか?

恋川春町こと倉橋格は、駿河小島藩主を経由して、幕府から呼び出しをくらう。彼は病気を理由にこれを拒否し、隠居を宣言した。

そして数ヶ月後、恋川春町は、謎の死を遂げてしまうのである。享年、四十六歳。おそらくは自殺であったと想定される。とうとう蔦重は、寛政の改革による筆禍から、身近に犠牲者も出してしまったのである。

ちなみに『鸚鵡返文武二道』において、刺激的な挿画を描いた北尾政美も、この仕事を機に黄表紙の世界から離れていくことになる。彼の場合は剃髪して「鍬形渓斎」を名乗り、むしろ体制派が好む絵を描くようになった。やがて津山藩のお抱え絵師となり、幕府お抱えの奥絵師だった狩野派にも属することになる。

のちに葛飾北斎と並び称されるほどの人気絵師となる鍬形渓斎だが、その作品を多く用いたのは、幕政から手を引き、文化事業に専念した引退後の松平定信であった。すでにそのころは蔦重も亡くなっていたが、改革の逆風を転機にした人間もいたことは、江戸の文化人の逞しさを感じさせる。

『鸚鵡返文武二道』(寿亭春町/1789年/東京都立図書館所蔵)

仕懸文庫《しかけぶんこ》と青楼昼之世界《せいろうひるのせかい》・錦之裏《にしきのうら》と娼妓絹籭《しょうぎきぬぶるい》

朋誠堂喜三二と恋川春町の筆禍による悲劇は、彼らが黄表紙作家であると同時に、武士という体制側の身分に属していたから起こった。

しかし次の山東京伝は、質屋で生まれた商人という自由な身分の出自。また、彼が処分の対象となったテーマも、真っ向から寛政の改革を皮肉ったものではなく、「公序良俗を乱す」という理由から。つまり、幕府に対する反抗心がなくても、改革の価値観に合わないものは排除される時代がやってきたのだ。

仕懸文庫

『大磯風俗仕懸文庫』（山東京伝／1791年／東京都立図書館所蔵）◉鎌倉の大磯をうたってはいるが、実際は江戸深川で行なわれていた違法な売春を取材したもの。吉原以外の遊郭は「岡場所」と呼ばれ、違反ではあったが、公然の事実ではあった。寛政の改革においては、当然のごとく違法遊郭は取締りを受けた。

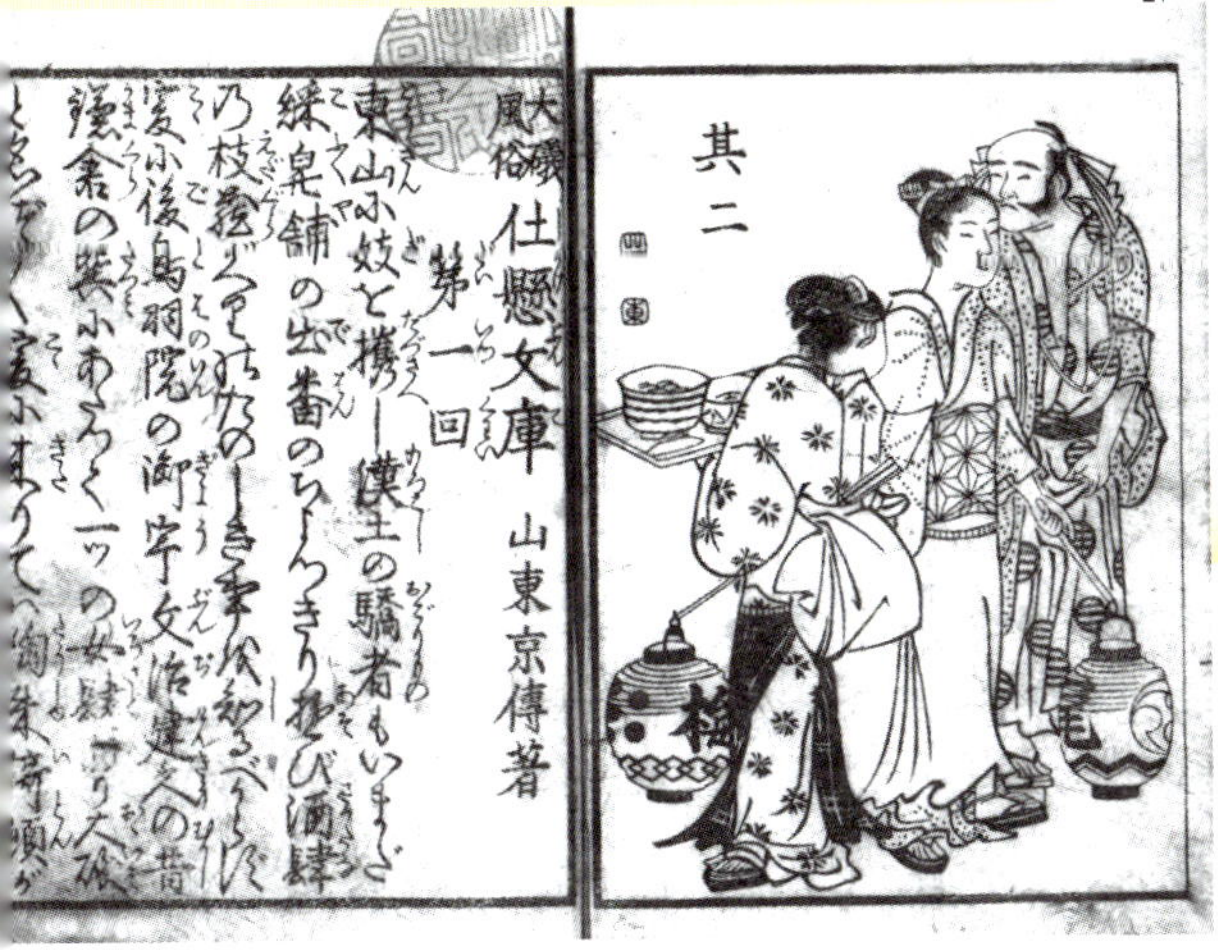

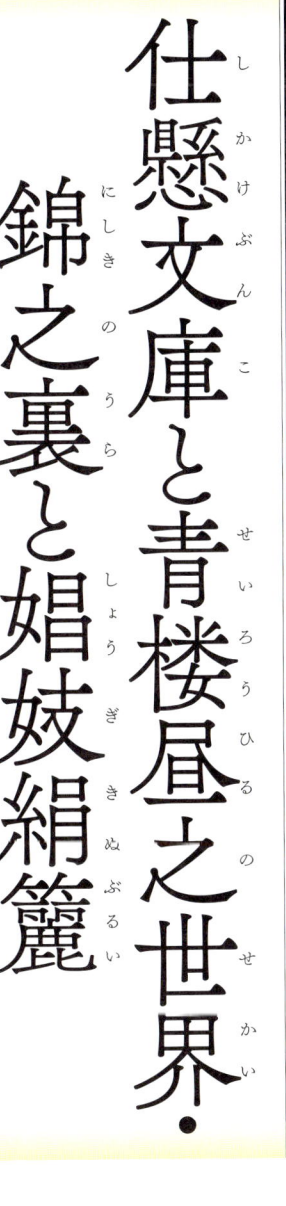

この処分は作者である山東京伝のみならず、版元であった蔦重にも及ぶことになるが、これによって「寛政の改革」は出版の自由を完全に妨げる規制となった。つまり、「幕府が良書とみなす出版物しか認めない」という方向を、松平定信ははっきりと打ち出したのであり、このお上の方針は「大衆が喜ぶ出版を目指す」という蔦重側と対立するものとなっていく。

1791年、山東京伝は「手鎖《てじょう》五十日」という処分を受ける。五十日の間、両手に手錠をつけられたままの生活を余儀なくされる、という刑だ。

処罰の対象となったのは、「洒落本」と呼ばれた三冊の黄表紙。いずれも遊女たちの風俗を題材にしたものである。

◉『仕懸文庫』
深川で行なわれていた遊女の出張サービスを題材にした作品

◉『青楼昼之世界・錦之裏』

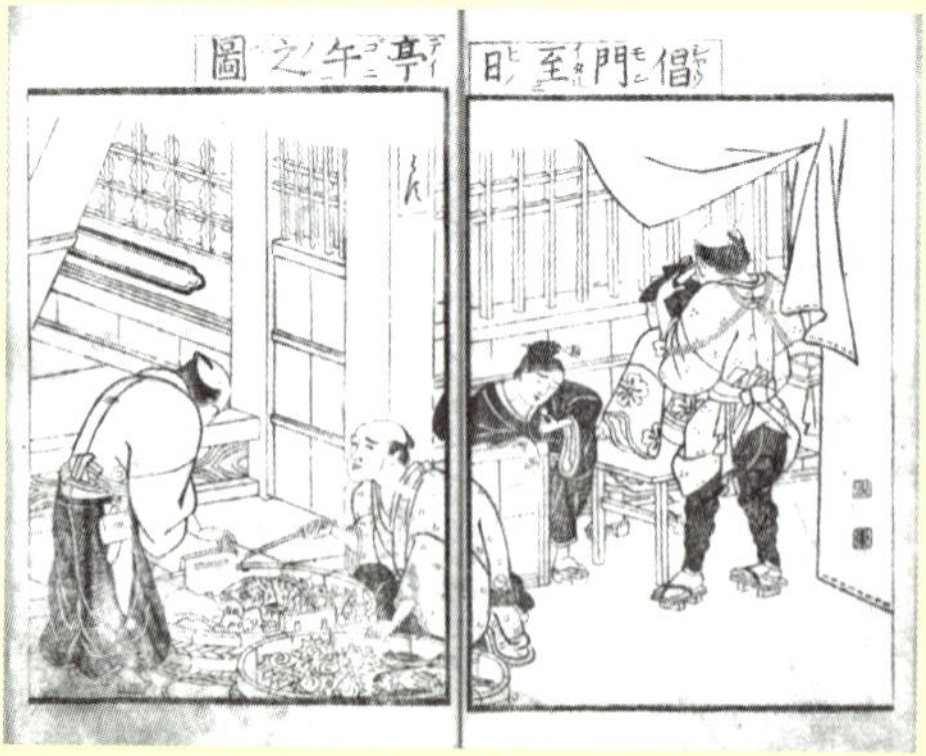

青楼昼之世界・錦之裏

『青楼昼之世界錦之裏』(山東京伝／1791年／国立国会図書館デジタルコレクション所蔵)◉吉原の夜の世界の裏側、すなわち昼の吉原を描いた作品。禿《かむろ》などが日常の世話をする様子も細かく伝えられる。

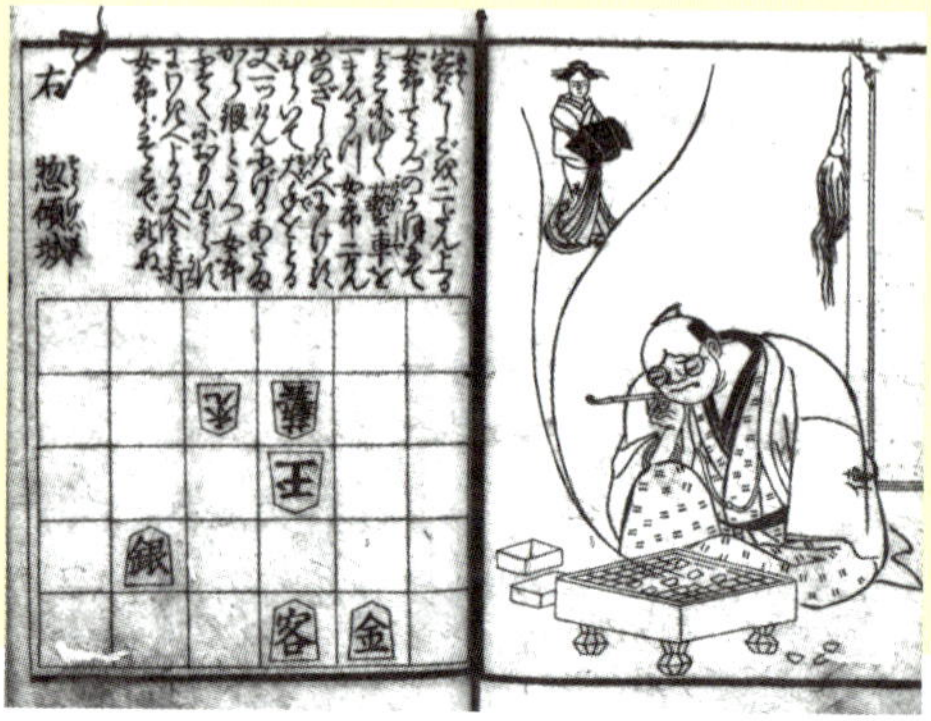

娼妓絹籭

『手段詰物娼妓絹籭』(山東京伝／1791年／東京都立図書館所蔵)◉将棋における定石の書を、「娼妓」とパロディにしたもの。浄瑠璃『冥土の飛脚』の主人公、梅川忠兵衛が登場し、遊女との駆け引きをシリアスに捉える。

遊女たちの昼間の生活を取材した作品。出版統制を意識しつつも、浄瑠璃などでお馴染みだった「夕霧伊左衛門」の話も挿入して大衆性を意識してはいた

◉『娼妓絹籭』

遊女との駆け引きを将棋の局面に喩えて綴った洒落本

山東京伝は、「北尾政演《まさのぶ》」という名で絵師としても活躍しており、挿画もすべて自分自身で描いている。

これらは現代でいえば、いわば映倫による「R18指定」のようなものか。それでも改革を揶揄した黄表紙とは異なり、京伝はギリギリのところで処罰の対処とならぬように配慮した節は見られるが、清廉を目指す松平定信はこれを許さなかった。

庶民の絶対的な支持を受けながら、攻撃的な出版を続ける蔦重の版元への、見せしめにする意味もあったのかもしれない。三冊は発禁処分を受け、京伝も鎖をつけて生活する処分を甘んじて受けたのである。

このとき京伝は黄表紙から引退するつもりで、銀座に開業していた煙管屋の商売に専念することを考えた。それを必死で止めたのは他ならぬ蔦屋重三郎であり、結局は五十代で亡くなるまで、京伝は執筆を続けることとなった。

なお、京伝のみでなく、三冊の「公序良俗を乱す洒落本の出版」では蔦重も処分を受けることとなり、入牢《じゅろう》の上、「身上半減」、つまり財産の半分を没収されたといわれている。

その処罰がどの程度の金額だったかは不明だが、むろん、そんなことで大人しく出版方針を変える蔦重ではない。手を変え品を変え、江戸の庶民を驚かす出版を続けていく。

「版元の蔦屋重三郎は肝の据わった男で、幕府のお咎めなど、さほど感じていないようだった」とは、京伝が蔦重に対して述べていた言葉である（『山東京伝一代記』）。

第五章

喜多川歌麿の大成

青楼俄《せいろうにわか》 女芸者部《おんなげいしゃぶ》

「寛政の改革」によって大打撃を受け、さらには出版物にも規制をかけられた蔦屋重三郎。だが、おとなしくお上の推奨する出版物を出すことに甘んじなどしない。幕府の目をかいくぐり、その上で江戸の民衆を驚かす手段として、彼が活用したのは、喜多川歌麿と東洲斎写楽という個性的かつ、のちに日本を代表するほどの世界的知名度を獲得する浮世絵師たちであった。

中でも、無名だったころからずっと蔦重が育て上げ、才能を開花させたのが喜多川歌麿であるが、二人の関係をここで振り返っておこう。

すでに紹介している『絵本江戸爵《すずめ》』『画本虫ゑらみ』の前、蔦重が北川豊章と名乗っていた絵師に「喜多川歌麿」の名を与え、はじめて創作させたのが1783年（天明三年）の『青楼俄《せいろうにわか》（仁和嘉《にわか》）女芸者部《おんなげいしゃぶ》』と『青楼尓和嘉鹿嶋踊《せいろうにわかかしまおどり》　続』とされる。

「青楼」とは遊郭を意味する言葉であり、「俄」とは、第一章「明月余情」の項でも説明した「吉原三大景物」の一つ。芸者や遊女が華麗な衣裳に着飾り、廓内で舞などを披露した祭典。

『青楼俄女芸者部』は連作物で、吉原で行なわれる大々的なイベント「俄」の宣伝用に、蔦重が描かせたものであろう。この図は二人の美しい芸者が「俄」の準備をしているところであり、右上の「大万度《おおまんど》」は「俄」の演目の名で、大きな万灯（万度）を中心に、男装した女性が踊る舞。クレジットには、「荻江節」の芸者である「おいよ」と「竹次」という紹介がある。

絵師として再デビューを果たしたばかりの歌麿

←『青楼仁和嘉女芸者の部__大万度』（喜多川歌麿／東京国立博物館所蔵／Image: TNM Image Archives）◉荻江節の芸者「おいよ」と「竹次」が、「俄」の演目である大万度の準備をしている場面。大きな万灯を中心に、彼女たちは男髷男装で踊る。歌麿は全体像を描くのをやめ、上半身を中心に描き始めてから、その個性を発揮していく。

青樓仁和嘉女藝者部
大万度
荻江
おいよ
竹次
哥麿画

『青樓仁和嘉女藝者之部・扇賣、団扇賣、麦つき』（喜多川歌麿／1793年／出典：ColBase https://colbase.nich.go.jp/）◉扇売りとは、お客の注文に応じて、その場で紙を折って扇や団扇を売るサービス。俄の催しであったのだろう、ここでは人気の芸者3人が若衆の扮装をした姿で描かれている。

だが、蔦重はこの後しばらく、シリーズ物の錦絵を喜多川歌麿に描かせてはいない。

それは単に売れなかったのか、あるいは当時人気だった勝川春章を真似た画風が気に入らなかったのか。以後五年間、歌麿への錦絵の依頼が封印される。

その間に蔦重は歌麿の独創性を一層高め、吉原連で仲間内の狂歌師たちからの評判もつくり、自信をもって送り出した作品が、1788年の「画本虫ゑらみ」に始まるシリーズや、春画の「歌まくら」だったのである。

歌《うた》まくら

「虫ゑらみ」は、「事物を細部にわたって観察し、写真のように精密な絵を描くことができる」という喜多川歌麿の才能を蔦重が見抜き、その力量を「狂歌絵本」の企画に最大限に活かし、虫や植物を描かせた大傑作だった

同時期、蔦重は歌麿に、まったく異なる分野でも「精密な絵」を描かせるように仕向ける。それが「春画」というジャンルだ。

春画とは、性風俗を描いた図であり、世界的にはエロティック・アートにカテゴライズされている。清朝時代の中国の春宮図《しゅんきゅうず》（皇帝の営みを描いた図）が平安時代の朝廷に衝撃を与え、これを真似て平安貴族版の絵巻物が描かれ始めたのがきっかけである。

ただし春画が大衆に普及したのは、多色摺りなどの印刷技術が発達し、また裕福になった町人が出版物を手にできる機会も多くなった江戸時代になってからである。春画を扱った「枕絵《まくらえ》」や「艶本《えんぽん》」が数多く出版され、蔦重の周囲では、1770年代から勝川派の創始者であった勝川春章と弟子の春潮、鳥居清長がこの分野で成功を収めていた。

もちろん、大衆が求めるニーズは、誰よりもわかっていた蔦重である。しかも彼は、吉原という、春画のモデルにはこと欠かない場所を熟知していた。おそらくは自宅に住まわせていた歌麿を遊郭に派遣しては、虫や草木を描かすような要領で、男女の営みを観察させ、スケッチをさせていたのではないか。満を辞して出版したのが、1778

年の『歌まくら』である。

「まくら」とは、そのまま春画を指す言葉で、全十二図は以下の通り。

【第一図】　川の中で二匹の河童に陵辱される海女を、微笑み眺めている海女
【第二図】　若衆の手紙を取り上げ、浮気心を責める年上の女
【第三図】　眉を剃った人妻の浮気。嬉しさが抑えきれない
【第四図】　富本節の師匠と、弟子である武士が稽古ついでに。髷が枠からはみ出している
【第五図】　角隠しをした奥女中が代参の帰り、供をした男と出合茶屋へ
【第六図】　妾の住まいに、ほっかむりをして忍び込んできた男との情事
【第七図】　良家の後家が恥じらいながら久しぶりの色事。透けた着物に男の顔が
【第八図】　花見の宴席をこっそり抜けて、幕内でいちゃつく芸者と幇間
【第九図】　毛むくじゃらの利兵衛爺いの腕に噛み付いて抵抗する娘。体毛の彫りが見事
【第十図】　料理茶屋での逢引き。後ろ向きの女性と接吻する男性の片目だけが見えている
【第十一図】　ふくよかな年配の夫婦の、牧歌的な営み
【第十二図】　オランダ人夫婦の交合図、巻き毛の彫りは最高難易度

どの作品も蔦重と歌麿のこだわりが詰め込まれた、非常に変化に富んだ構図である。シチュエーションも工夫され、大胆でアーティスティック。歌麿らしく、男女交合の有様は性器の描写まで含め、まるで生物の教科書のような正確さで写実的に描かれており、その分、あまりの生々しさは当時の読者が望んだ色気やエロチシズムには欠けていたかもしれない。

歌麿春画の最初にして、最高傑作とされる「歌まくら」であるが、以後、寛政の改革で出版規制が厳しくなったこともあり、彼は蔦重の元では二作目の春画に手をつけてはいない。蔦重亡き後、五年ほどの間に別の版元から全身像ばかりの艶本を二十冊近く出している。春画といえば歌麿の代名詞のように言われているものの、作品数としては、突出して多いわけではないのだ。

『歌まくら』第2図（喜多川歌麿／1788年／浦上蒼穹堂所蔵）◉若衆の手紙を取り上げ、浮気心を責める年上の女。襟元をつかみ、怒っている女の微妙な表情と、手で諌め言い訳をしている若衆が対比される。ロンドンのヴィクトリア＆アルバート博物館にも所蔵されている作品である。

『歌まくら』第10図（喜多川歌麿／1788年／浦上蒼穹堂所蔵）◉料理茶屋での逢引き。その表情は片目でしか描かれていないが、荒々しく芸者に迫る侍の激しさと、後ろ向きではあるが抵抗できない芸者のよじれた上半身が美しく描かれている。

『歌まくら』第1図（喜多川歌麿／1788年／浦上蒼穹堂所蔵）◉オープニングを飾る絵で、『河童と海人』としてよく知られている歌麿の作品となっている。海の底で2匹の河童に犯される海女を、岩場からなんとも妖しく、艶かしい表情で見る一人の海女は、歌麿が観察した女性たちの性を象徴している。

婦人《ふじん》相学《そうがく》十躰《じってい》

1791年、山東京伝の黄表紙三冊の発禁処分による身上半減で、版元としても大ダメージを受けた蔦屋重三郎だが、その起死回生作として考えたのが、喜多川歌麿に描かせた「美人大首絵《おおくびえ》」である。「大首絵」というのは、ウエストアップ、あるいはバストアップの人物像。

描く対象としたのは、江戸で評判の美女や、人気の遊女など。当時、美人画といえば、鳥居派の鳥居清長という絵師が人気を独占していた。しかし、師であり鳥居派総帥だった鳥居清満《とりいきよみつ》が死去したため、清長は総帥となり、家業である役者絵に専念せざるをえなくなり、美人画を封印した。蔦重はその機を見て、歌麿に錦絵による美人画のシリーズを描かせたのであった。

ただし、歌麿もそれまでの清長の美人画を、ただ模したわけではない。役者絵で使用されていた上半身のみの「大首絵」の構図を取り入れるとともに、歌麿自身が「相見《そうみ》」と名づけた観察眼と写実性を、ここでも新しい美人画にしっかりと活かしていた。

『婦人相学十躰』の「相学」とは、いわゆる「人相学」のことで、人の細かな表情から性格や運勢を見抜くことをいう。

当時、ほとんど無表情で、男女共に同じ顔で描かれていた美人画に対し、喜多川歌麿は、『歌まくら』で培った手法により、表情の違いを描き分けることで、女性たちの性質や感情を生き生きと描き出したのである。まさに『婦人相学十躰』はその特性を最大限に活用した作品で、遊女からの

←『婦人相学十躰＿浮気之相』（喜多川歌麿／東京国立博物館所蔵／Image: TNM Image Archives）◉湯上がりで胸をはだけた浴衣の女性は、決まった男性がいながらも、好みの男性を見つけると、つい笑みを浮かべて、ソワソワとした表情で相手のほうを見てしまう。そんな表情とともに、背景は白い雲母の粉を散らした「白雲母摺」という手法で手の込んだ作品になっている。

婦人相學十躰
浮氣《ウハキ》之相
相見 歌麿画

手紙に嫉妬する女性や、日常の仕事から解放されて、ふっと気が緩んだときの表情などが、ありのままに描かれている。

とくに本作の中で有名なのは、「浮気の相」と名付けられた作品。これは「想い人がいながらも、好みの男性に、つい情欲を発散させてしまう」という微妙な女性の表情。湯上がりの浴衣の女性は、落ち着かない様子で、笑みを帯びながらソワソワとどこかを見ている。その先にいるのは好みの男性なのか……と、読者に想像させる。

こんなふうに心の内面に切り込んだ大人の作品は、江戸の粋人通人たちに絶賛された。喜多川歌麿はこの連作をきっかけに、不動の地位を築いていくのである。

『婦女人相十品・手紙を読む女』（喜多川歌麿／1791年頃／出典：ColBase https://colbase.nich.go.jp/）◉『婦人相学十躰』と同時期に描かれたといわれる「美人大首絵」の連作。なんとも微妙な表情で文を読む女性がモデル。手に力が入っている様子から、その真剣さがうかがえる。背景にはやはり白雲母摺が使用されている。

『婦人相学十躰・煙管持』（喜多川歌麿／出典：ColBase https://colbase.nich.go.jp/）◉煙管を片手に持った、胸をはだけた女性。何気ない女性の日常を、歌麿は見事に切り取り、ありのままの美しさを際立たせている。

歌撰戀之部《かせんこいのぶ》

『婦人相学十躰』のヒットの後、歌麿が「美人大首絵」をさらに磨き上げて描いたのが、『歌撰戀之部』という五枚揃えのシリーズ作品である。「大首絵」と言いながら、ウエストアップの半身像であった『婦人相学十躰』に対し、『歌撰戀之部』は全体の六割が顔。現代では東洲斎写楽の作品でお馴染みであるが、迫力のある役者絵と異なり、歌麿はこの構図を美人画に採用した。

絵全体の六割を占めるのが顔であれば、微妙な表情をどれだけ描き分けられるかが、大衆に喜ばれる作品となるか否かの重要なポイントになる。『歌撰戀之部』のテーマは、まさに「恋する女性」であるが、歌麿は年齢や境遇がそれぞれ違う女性の姿を描き出し、異なるシチュエーションの恋する女性が浮かべている微妙な表情を、見事なほどに描き分けている。

たとえば最高傑作の一つとされている『物思恋《ものおもふこい》』では、既婚と思われる女性が、頬杖をつき、目を細めて物思いにひたっている様子が描かれる。あるいは『夜毎《よごと》に逢恋《あふこい》』では、期待と不安の中、一種の決意をもった表情で手を着物から出し、男性からの手紙を読もうとする姿が描かれている。

歌麿が好んだのは、背景の絵の具に雲母の粉を混ぜ、パールのような光沢を出す「雲母摺《きらずり》」という手法。とくに『歌撰戀之部』では、淡いベージュやピンクの色が、夕暮れ時のような雰囲気を出す「紅雲母摺《べにきらずり》」を使用した。

そんな『歌撰戀之部』は、『婦人相学十躰』と同様、大絶賛をもって受け入れられ、絵師・喜多川歌麿

『歌撰恋之部　物思恋』(喜多川歌麿／東京都江戸東京博物館所蔵／画像提供：東京都江戸東京博物館 / DNPartcom)◉頬杖をつき、悩んでいるような女性。眉が描かれていないことから人妻と想像され、そんな女性が恋の物思いとなれば、浮気や不倫を想像させる。背景の紅白雲母摺や髪や着物の細かい部分も丁寧で、歌麿の最高傑作の1つに数えられる作品である。

の江戸における人気を確立した。その作風は女性の美しさを描ききった芸術性にあり、春画のように公序良俗を乱すものではないし、ましてや幕府の規制を批判する要素などまったくない。むしろ感性を高め、庶民の美意識を高める作品ではないかと思ってしまうほどだ。

しかし、蔦重の出版を危険視する松平定信は、こうした歌麿の芸術性が高い作品にすら、クレームをつけてくる。それは『歌撰戀之部』で描かれた女性たちの多くが、当時に人気を集めていた吉原の遊女だったから。絵にはそのクレジットも堂々と入っている。

いくら着衣で芸術性が高いものであっても、遊女の絵は公序良俗を乱す。幕府が許可した公娼街なのに、と不満は出るが、下々には逆らうことができない。規制を回避するため、蔦重と歌麿は、別の方法で庶民に受け入れられる作品を工夫する必要に迫られた。

『歌撰戀之部・深く忍恋』(喜多川歌麿/出典:ColBase https://colbase.nich.go.jp/)◉恋する女性を表情だけで描いた作品。お歯黒や煙管から、ある程度、年を重ねた女性と想像される。2016年にはパリの競売で、歌麿作品としては最高額の8800万円で落札された。

『歌撰戀之部・夜毎ニ逢恋』(喜多川歌麿/出典:ColBase https://colbase.nich.go.jp/)◉寒々しそうに着物から手を出し、夜の灯りの中で文を読む女性。その表情には期待と不安、苦痛と喜びが同居している。「夜のたびに恋に逢う」というタイトル通り、切ない思いを胸に抱く女性を美しく歌麿は描く。

当時《とうじ》三美人《さんびじん》(寛政《かんせい》)

『当時三美人』、あるいは『寛政三美人』や『高名三美人』と呼ばれる作品は、遊女の絵を問題視した幕府を牽制した作品。今回、三人の美女は、いずれも規制された遊女ではなく、江戸で「美人」との評判が高い女性を選んでいる。

その三人とは、難波屋おきた、高島屋おひさ、富本豊雛《とみもととよひな》で、「三美人」を一緒に描いた絵柄では、それぞれを「雪」、「月」、「花」に例えている。

難波屋おきたは、浅草寺のそばにあった茶屋、「難波」で働いていた、今でいうウェイトレス。同じく高島屋おひさは、両国にあった茶屋「高島屋」の看板娘。二人とも町では評判の美人で、お店には彼女たち見たさにお客の行列ができるほどだったという。

一方で富本豊雛は、富本節という浄瑠璃の一派の名取。吉原の芸者ではあるが、三味線を演奏し、唄を披露する歌手であった。美人芸者として人気を集めており、蔦屋耕書堂では、その教本も手がけている。

つまり三人とも、その気になれば会いに行ける身近なアイドルであり、公序良俗を乱すような存在ではない。それならば肖像画を販売しても問題ないだろう、という蔦重のアイデアであった。

しかし1793年、幕府は、一般女性であっても、個人の名を絵の中で記すことを禁じるお触れを出す。まるで嫌がらせのような措置だが、それでも蔦重と歌麿は、この三人を中心とした美人画のシリーズを続けた。

その際、お店の紋を記してわかるようにしたり、

『寛政三美人』(喜多川歌麿／メトロポリタン美術館所蔵)◉難波屋おきた、高島屋おひさ、富本豊雛の3人。何気なくであるが、団扇や着物に入っている屋号で、難波屋や高島屋を表現している。歌麿は同じ3人の同じ配置の作品を、何パターンかで描いている。

「判じ絵」といって、コマ絵で名前を示唆したりした。「富本豊雛」だと、富くじの箱、藻、砥石、戸、夜に灯す行灯、紙の雛で、「とみ・も・と・と・よ・ひな」と読ませる、いわば絵解きクイズである。

記さなくても大半の購入者はわかっていたのだろうが、ここには「規制になんぞ負けるものか！」と、幕府の措置を逆手にとって揶揄するかのような、蔦重側の姿勢も垣間見られる。

単に美人の絵だからというのでなく、江戸庶民はこうした気概も含めて、蔦重と歌麿のコンビを支持したのではないだろうか。

『当時三美人　富本豊ひな　難波屋きた　高しまひさ（喜多川歌麿／1793年／千葉市美術館所蔵）◉「寛政三美人」の別バージョン。こちらでは3人の名前がしっかりと描かれている。

青楼十二時《せいろうじゅうにとき》

「美人大首絵」で大成功した喜多川歌麿は、蔦重以外の版元からも仕事が殺到し、やがては業界で引っ張りだこの絵師になっていく。

蔦重は、そんな歌麿を、幕府に睨まれている自分の手元に置いておくべきでないと判断したのか。あるいは歌麿のほうで、新しい機会を求めたのか。二人はやがて袂を分かち、歌麿は蔦屋耕書堂から独立していく。

1794年の『青楼十二時』は、蔦重と歌麿が最後に組んだ作品となる。

幕府の規制をかいくぐるようなテーマ選定には、もう飽き飽きしたのか、彼らが選んだのは原点に戻った「吉原」であった。

しかし、ただ美しい遊女を描くのでも、きわどい春画を描くのでもない。『青楼十二時』で扱ったのは「遊女たちの二十四時間」であり、緊張しながら仕事の準備をしている姿や、休憩中のほっとした姿、あるいは気分転換をしている姿など、彼女たちが決してお客の前では見せない普段の様子をリアルに描いている。

たとえば深夜二時に、眠そうに紙と蝋燭を持って、厠へ行く様子。明け方まで仕事をした後、朝の八時ごろにゆっくり仮眠をとる姿。本来ならお客をとっている夜の八時ごろに、お客を取ることができず、お付きの禿と相談しながら手紙を書いている姿などなど。

「十二時」というのは、まさに一日の時間であり、全十二図は二時間ごとに異なる遊女の姿を切り取ったもの。ファンにとっては、知らなかった吉

戌ノ刻
青樓十二時 續
哥麿筆

原遊廓の裏側を知れるし、遊女のオフショットを見て、彼女たちを身近に感じられるのも魅力だったのだろう。女性たちの微妙な表情を描き分ける、まさに喜多川歌麿の画力があったからこそ実現できた、スマホ画像的なスナップショット集とも言える。

幕府とも対立しながらであるが、喜多川歌麿は以後も『吉原青楼年中行事』などで、蔦屋耕書堂以外の版元から吉原を描いた作品を描いていく。

一方で蔦重は、東洲斎写楽を担ぎ出し、人生の最後となるビッグヒットを狙った戦略を打ち出していった。

→『青楼十二時 続 戌ノ刻』(喜多川歌麿／1794年／たばこと塩の博物館所蔵)◉午後8時くらいの遊女。客からの文を読んでいるところ、彼女を呼びに来たらしい禿と打ち合わせをしている。

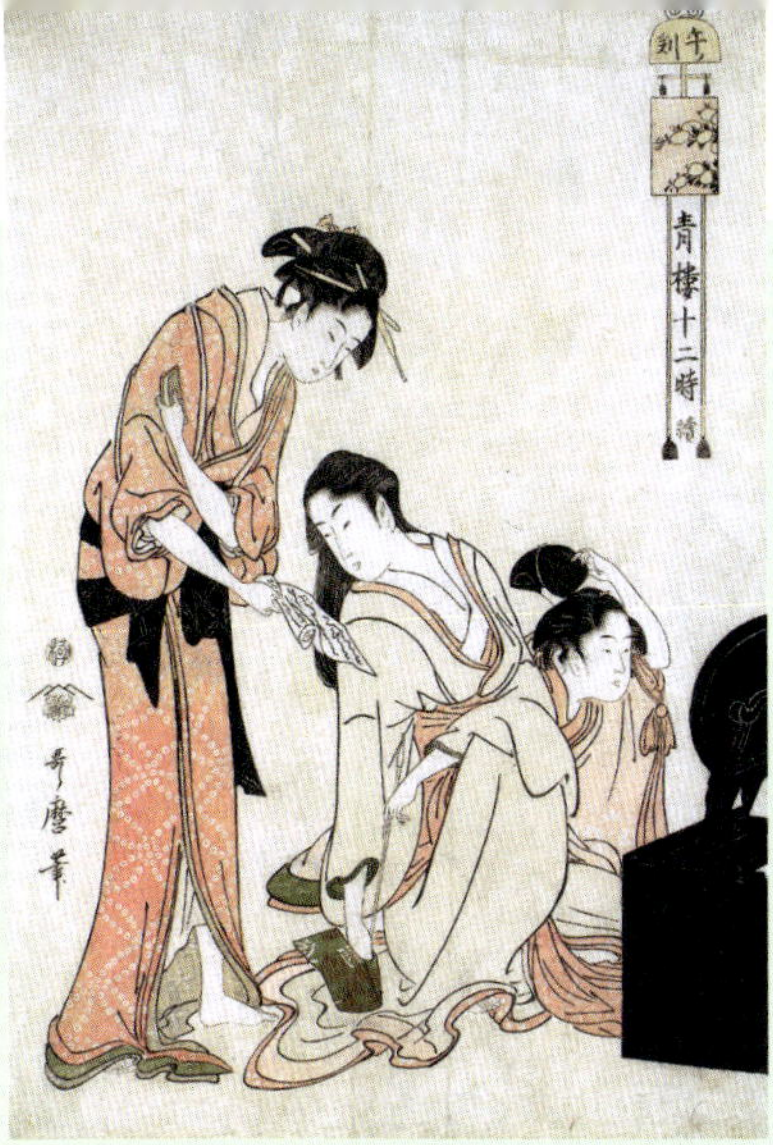

『青楼十二時 続 午ノ刻』(喜多川歌麿／1794年／たばこと塩の博物館所蔵)◉正午12時頃。この時間は客も少なく、ゆっくりと遊女たちが準備をしている姿が描かれている。

『青楼十二時 続 丑ノ刻』(喜多川歌麿／1794年／出典：ColBase https://colbase.nich.go.jp/)◉明け方4時。客を送り出した後か、疲れた様子で履物を脱ぐ遊女。

第六章

役者絵から写楽へ

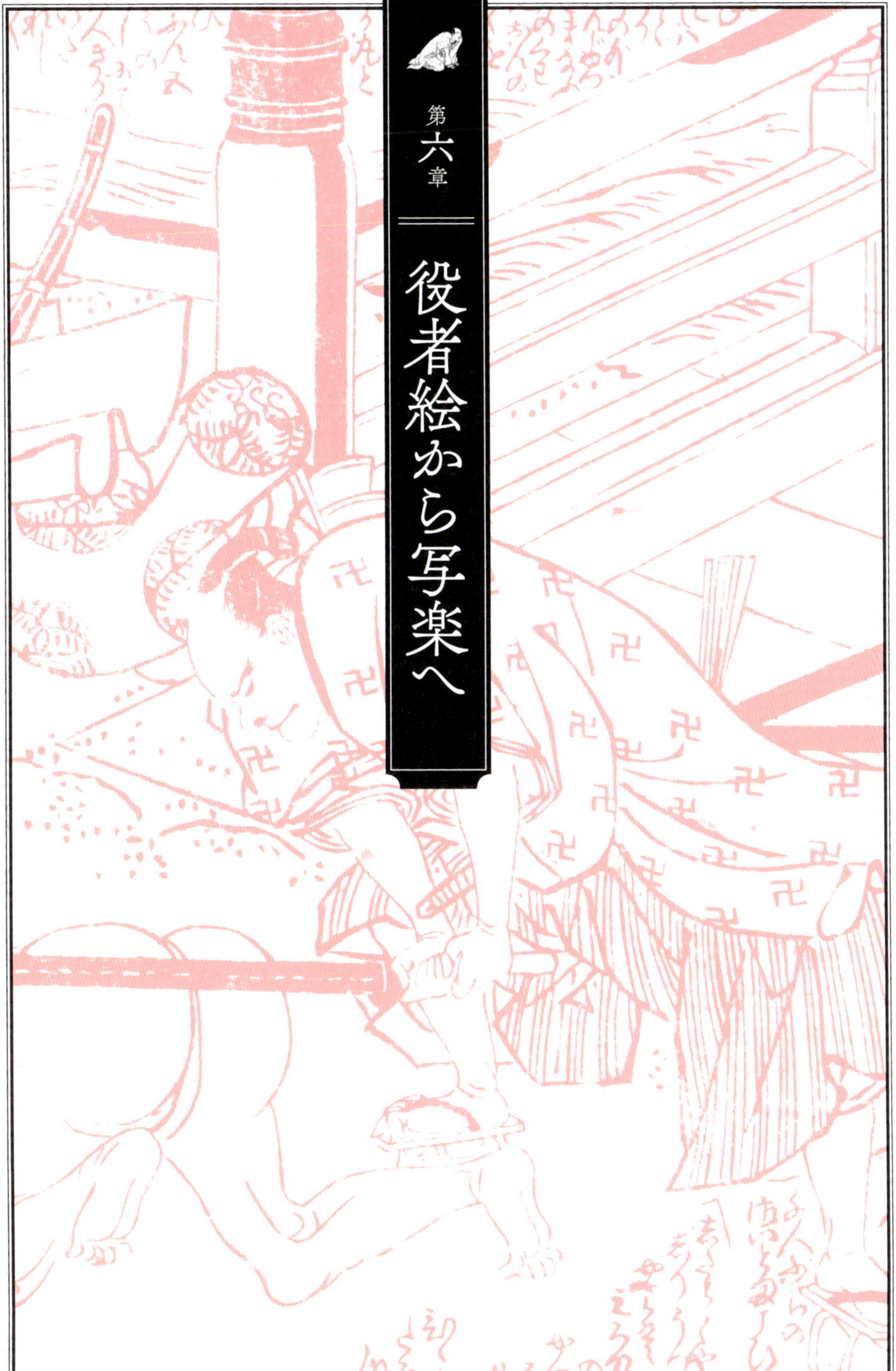

二代目《にだいめ》瀬川《せがわ》菊之丞《きくのじょう》の勘平女《かんぺいにょう》ぼうお軽《かる》と初代《しょだい》市村亀蔵《いちむらかめぞう》の不破《ふわ》の伴左衛門《ばんざえもん》

蔦重が吉原を土台にして蔦屋耕書堂を立ち上げ、黄表紙などでブームを作っていく傍ら、一方で「歌舞伎」は江戸の町人に絶大な人気を誇ったエンターテイメントであり続けた。

そんな歌舞伎の人気役者を描いた浮世絵が「役者絵」であり、とくに木版画を使った印刷技術が発展してからは、江戸の町人たちがこぞって求める娯楽品となった。さながらアイドルのポスターやグラビア写真、ブロマイドといったところか。

小さめの役者絵の値段が八文ほどで、展覧会などで見かけるB４サイズに近いものが十六文ほど。かけそば一杯が十六文なので、現在の感覚では約４～５００円。かなり良心的である。

蔦重の時代、役者絵は、主流の鳥居派と、亜流の勝川派が席巻していた。主流の鳥居派というのは、17世紀末に登場した絵師・鳥居清信に始まる一門で、役者絵を専門にしていた流派である。

もともと鳥居清信の父、鳥居清元は、歌舞伎役者だったとされるが詳しいことはわかっていない。その一方で絵の才能もあり、自ら興行の看板などを描いていた。その息子・清信は、父の絵の技術を一貫して磨き上げ、鳥居派の画風を確立する。

鳥居派は、清信の娘婿だった二代目・鳥居清倍《きよます》の後、その息子の三代目・鳥居清満《きよみつ》の時代に、自由な田沼時代の恩恵を受け、最盛期を迎える。清満は役者絵のほか、美人画や黄表紙も手がけ、多くの門人を育てる大きな一門となった。

『二代目瀬川菊之丞の勘平女ぼうお軽』は18世紀の作品で、女形の人気役者、二代目瀬川菊之丞を描いたもの。『仮名手本忠臣蔵』の登場人物、赤穂浪士の一人である早野（史実では萱野）勘平の妻で、夫を支えるために遊女となる悲劇の女性である。

一方で「初代市村亀蔵」は、のちに九代目・市村羽左衛門となる18世紀の名役者。「不破の伴左衛門」とは、「鞘当《さやあて》」という仇討ちを題材にした歌舞伎の主人公である。

鳥居清満の役者絵は、舞台セットに立つ細判の全身像が特徴で、まさに芝居の一場面を切り取るように描かれるもの。その画風は、P83で触れた鳥居清長が四代目として継ぐことになる。

『二代目瀬川菊之丞の勘平女ぼうお軽』（鳥居清満／出典：ColBase https://colbase.nich.go.jp/）◉舞台の場面で立った姿で描かれるのが、鳥居清満の役者絵の特徴。二代目瀬川菊之丞は、女形の名役者。

『初代市村亀蔵の不破の伴左衛門』（鳥居清満／出典：ColBase https://colbase.nich.go.jp/）◉初代市村亀蔵は、後の九代目・市村羽左衛門。人気俳優であったが、火事など不遇で市村座を閉鎖。その後、中村座で演じるようになった。

東扇《あずまおうぎ》中村仲蔵《なかむらなかぞう》の斧定九郎《おのさだくろう》

すでに蔦重が、吉原での出世作となった1776年の『青楼美人合姿鏡』から、絵師として仕事を依頼していた勝川春章。彼もまた、役者絵で成功した浮世絵師の一人であった。

『東扇中村仲蔵』は、『青楼美人合姿鏡』と同じ1776年に、勝川春章が描いた役者絵の一つである。人気役者の似顔絵が入った「扇子」を楽しめる作品だ。扇の形になっている線で切り取り、これを扇子の骨に貼れば、絵の入った扇になる。役者のファンはこれを手にして歌舞伎に行き、現在のコンサートでファンが「推しうちわ」などを振るのと同様の応援ができるわけだ。

「斧定九郎」というのは『仮名手本忠臣蔵』に登場する悪役で、赤穂浪士でありながら、敵に内通している人物。

山賊姿の悪役を、初代・中村仲蔵が、現在も知られる黒紋付の衣装に変え、濡れ鼠の演出で「色悪」と呼ばれる名悪役に押し上げたことで、五代目・市川團十郎に認められたとのこと。銃で撃たれる死に様は、ファンに絶賛され、注目を浴びるシーンとなる。

中村仲蔵が演じる斧定九郎の悪役ぶった表情を、春章は扇の中でリアルに描いている。このように役者の個性を描き分けることで、彼は鳥居派と差別化した人気を「役者絵」というジャンルで確立したのだった。

この初代・中村仲蔵は、蔦屋重三郎の親戚だったという説があるが、彼の紹介だったのか。あるいは浮世絵界での名声を二分しながら、じつは家が向かいで互いに相談する仲だった「北尾派」の創始者・北尾重政の紹介だったのか。勝川春章は蔦重と親しくなり、蔦屋耕書堂にとって欠かせない人気絵師となる。

版元として立ち上がったばかりの蔦重にとって、何よりありがたかったのは、勝川派は、春《しゅん》好《こう》、春潮《しゅんちょう》、春英《しゅんえい》、春林《しゅんりん》、春暁《しゅんぎょう》、春朗《しゅんろう》など、多くの人気絵師が在籍するクリエーター集団だったこと。弟子の一人だった勝川春朗は、のちの葛飾北斎であり、蔦重亡き後の蔦屋耕書堂を支えた強力な人脈となっていく。

役者絵ばかりでなく、一方では肉筆の美しい美人画を描き、一方では人気役者の姿を春画に登場させる問題作でも世を沸かせた勝川春章。絵師としての才能のみならず、企画力においても蔦重に匹敵するクリエーターであった。

春章は1793年に没するが、晩年は役者絵を一番弟子の春好たちに任せ、自身は肉筆画に専念した。その技量は、江戸期に一二〇〇名以上は名前が残っている浮世絵師中の最高峰で、蘇軾《そしょく》の『春夜』で詠まれた「春宵一刻値千金《しゅんしょういっこくあたいせんきん》」になぞらえて、「春章一幅価千金《しゅんしょういっぷくあたいせんきん》」と称されるほどの人気を誇った。

とくに傑作とされる肉筆美人画『雪月花図』『婦女風俗十二ヶ月図』は、重要文化財に指定されている。

『東扇・ 初代中村仲蔵』（勝川春章／出典：ColBase https://colbase.nich.go.jp/）◉線に沿って切り抜くと、扇に貼って興業に持ち込める春章の役者絵。ファンは役者へのアピールもでき、喜んだであろう。アイデアの巧みさは、ともに長く仕事をした蔦重を彷彿させる。

三代目《さんだいめ》大谷鬼次《おおたにおにじ》の江戸兵衛《えどべえ》と市川鰕蔵《いちかわえびぞう》の竹村定之進《たけむらさだのしん》

1794年の5月、蔦屋耕書堂は、東洲斎写楽という無名の絵師による役者絵を一挙に二十八枚発売する。

その作品は、いずれも人気の役者を描いた大首絵で、「三代目大谷鬼次の江戸兵衛」「市川鰕蔵の竹村定之進」「二代目瀬川富三郎の大岸蔵人妻やどり木」「二代目嵐龍蔵の金貸石部金吉」「四代目松本幸四郎の山谷の肴屋五郎兵衛」「三代目市川高麗蔵の志賀大七」など。

二十八枚というのは、おそらくは店頭の飾り棚の数に合わせたもの。縦四段の棚に、各段七枚ずつ絵を並べていけば、棚のすべてが写楽の作品で埋めつくされる。もはや他の商品を並べる余地はなく、まるで本屋が芝居小屋になったかのようなディスプレイとなるが、それくらい蔦重は、この「写楽」という謎めいた絵師によるプロジェクトに賭けたと考えられる。

蔦屋耕書堂としては、寛政の改革によって吉原を題材にした洒落本を封じられ、また喜多川歌麿という売れっ子絵師も手放してしまった。他に売

←『三代目大谷鬼次の江戸兵衛』（東洲斎写楽／1794年／千葉市美術館所蔵）
◉世界的にも評価される写楽第1期の作品。手は顔を強調するために小さく描かれ、横に広がった口や釣り上がった目は、演じる悪役の邪悪さを強調している。背景の黒雲母摺も独特で、独創的な作品はファンに強烈なインパクトを与えることになった。

東洲齋寫樂畫

東洲齋寫樂畫

れ筋商品を探すしかない。

一方で歌舞伎の業界も改革以後、中村座など大手の芝居小屋がみな休業に追い込まれ、桐座、都座、河原崎座という、控え櫓《やぐら》での興行を余儀なくされていた。そんな芝居興行を盛り上げるため、蔦屋耕書堂を含めた六版元が、同時に役者絵の販売に乗り出している。しかし写楽の作品は、どの版元の役者絵にもない、独創的で世間を驚かすインパクトのあるものであった。

のちに日本が生んだ四大浮世絵師の一人とされ、世界的な名声も手にすることになる写楽。その活躍時期はたった十か月だったが、その短い間でも、四回の「方針転換」が知られている。

じつは現在、「写楽の作品」として私たちが認識し、世界的にも評価されている作品はすべて第１期のもの。１７９４年に蔦重が販売した、二十八点の作品に集約されている。これらの作品群は、それぞれの役者の特徴を強く打ち出した大首絵で、高級感のある「黒雲母摺《くろきらずり》」を背景にする。

いくつか作品を紹介すると、「三代目大谷鬼次」が演じる「江戸兵衛」は、近松門左衛門原作の『恋

第1期
1794年5月〜

⇓

第2期
1794年7月〜

⇓

第3期
1794年11月〜

⇓

第4期
1795年1月

→『市川鰕蔵の竹村定之進』(東洲斎写楽／1794年／東京国立博物館所蔵／Image: TNM Image Archives)◉大きな鼻や顔の皺で、貫禄の大きさを表現された市川鰕蔵こと、五代目市川團十郎。彼は当時の歌舞伎界で、「大極上上大吉無類」と呼ばれた最高実力者。落ち着いた雰囲気ではあるが、わずかに口から覗く赤い舌や組んだ手には、培った抜け目なさも感じさせる。

女房染分手綱』という演目に登場する悪役。一文字に伸びた口や赤く縁取られた目は、その凶悪さを表情で表しているが、写楽はさらにその手をわざと小さくデフォルメして描くことで、邪悪な雰囲気を強調している。

さらに「市川鰕蔵」が演じる「竹村定之進」は、大きな鼻や顔の皺を強調して描くことで、役者の貫禄を表現している。市川鰕蔵こと五代目市川團十郎は、当時の歌舞伎界で「大極上上大吉無類」と呼ばれた最高実力者。竹村定之進は、『恋女房染分手綱』に登場するヒロインの父であり、自らの自害で娘を救う感動的な役どころであった。

役者の個性を強調した写楽の役者絵は、描かれた当人やファン、芝居小屋から大不評で、クレームが殺到した。しかしインパクトのある衝撃的な新しいタイプの役者絵は、普段、役者絵を購入しない層に喝采され、評判となる。瞬く間に写楽は、江戸中の誰もが知る絵師となった。

第1期の特徴

役者の個性を強調した、インパクトのある「大首絵（顔と上半身を大きくとらえた構図の作品）」

役者本人やファンからは不評だったが、それ以外の層に支持される

背景は高級感のある「黒雲母摺（墨に雲母の粉末を混ぜる技法）」

現在も高い評価を受ける作品がこの時期に集中

三代目《さんだいめ》大谷鬼次《おおたにおにじ》の川島治部五郎《かわしまじぶごろう》と三代目《さんだいめ》市川高麗蔵《いちかわこまぞう》の亀屋忠兵衛《かめやちゅうべえ》と初代《しょだい》中山富三郎《なかやまとみさぶろう》の新町《しんまち》の傾城梅川《けいせいうめがわ》

二十八点の役者絵を販売したあと、二か月くらいの期間を空け、同年の七月から東洲斎写楽による第２期の作品が登場する。役者絵はすべて、１７９４年七月と八月の興行に由来するもので、三十点の作品数となる。

インパクトのある大首絵に役者からのクレームがついたためか、第二期の作品からは役者の全身像を描くスタイルに変更している。黒雲母摺はそのままだが、他に背景の明るい白雲母擦も使用。

また、通常の版画より小さいサイズの細長い紙を使用した「細判形式」の作品が出現することも特徴である。

そんな細判形式で、白雲母と黒雲母を使用した作品が『三代目大谷鬼次の川島治部五郎』。川島治部五郎は、河原崎座で演じられていた『二本松陸奥生長《そだち》』に登場する悪役である。写楽は、殺人を犯した直後、彼が提灯の灯りで照らされて息子に姿を見られる様子を、薄明りのグレー背景で見事に表現している。

　この川島治部五郎を演じた三代目大谷鬼次は、写楽がデビュー時に描いた「江戸兵衛」の役者と同一人物。スマートな体型で描かれた全身像は迫力に欠けはするものの、容赦ない悪人を演じる役者の個性が伝わってくる。

『三代目市川高麗蔵の亀屋忠兵衛と初代中山富三郎の新町の傾城梅川』は、歌舞伎の演目『恋飛脚大和往来』の一場面。もとは近松門左衛門が浄瑠璃にした題材で、罠にはめられた商人の息子、亀

↑『三代目大谷鬼次の川島治部五郎』（東洲斎写楽／1794年／出典：ColBase https://colbase.nich.go.jp/）◉写楽2期を代表する悪役の全身像は、第1期の『三代目大谷鬼次の江戸兵衛』と比べればインパクトに欠ける。しかし、大きく開いた口や吊り上がった目で強調される邪悪さは、1期の独創性をそのまま受け継いでいる。

↓『三代目市川高麗蔵の亀屋忠兵衛と初代中山富三郎の傾城梅川』（東洲斎写楽／1794年／出典：ColBase https://colbase.nich.go.jp/）◉後ろを気にしながら、主人公と遊女が逃避行を図る場面。劇の場面を描くことで、役者絵としては、舞台を愛するファンの期待に応えるものとなる。しかし絵師としての写楽の個性は、薄れていくことになった。

屋忠兵衛が、恋人の遊女「梅川」と逃避行を図る作品。
雨の夜にまぎれ、後ろを気にしながら先導する忠兵衛と、決意の表情を浮かべながら前へ進む梅川を、写楽は見事に対比して描き分けている。
なお「三代目市川高麗蔵」は、悪役から出発した名優で、のちに「五代目松本幸四郎」を襲名する役者。中山富三郎は、その父「四代目松本幸四郎」の門弟となった役者で、名女形として「ぐにゃ富」と称された名優であった
役者の個性のみを打ち出した「大首絵」から離れた第2期以降、写楽の作品はこのように、人物を複数に配置して1シーンを描くものが増えた。

第2期の特徴

大首絵から、役者の全身像を描くスタイルに変更

黒雲母摺のほか、より明るい「白雲母摺」の背景も使用するように

小さめで細長い紙を用いた「細判形式」を採用

複数の人物がいるシーンを描いた作品が増える

「とら屋虎丸《やとらまる》」二代目《にだいめ》嵐龍蔵《あらしりゅうぞう》の奴《やっこ》なみ平《へい》と大童山《だいどうざん》文五郎《ぶんごろう》の土俵入《どひょうい》り

写楽の第三期は、1794年十一月の興行に由来する作品であり、また、十一月場所の相撲に由来する作品なども含んでいる。

『「とら屋虎丸」二代目嵐龍蔵の奴なみ平』は、版画でありながら、世界に一枚しか残っていないという写楽の貴重な作品。その一枚は日本を離れ、ベルギーの王立美術歴史博物館の所蔵である。

描かれている「二代目嵐龍蔵《あらしりゅうぞう》」は、写楽が一期でも描いていた名脇役。同じ大首絵で表情はそのままであるが、手の大きさはデフォルメされず、全体的な構図は通常の様子。演じる人物は異なっているものの、あたかも一期の作品を模倣するかのように描かれている感もある。なお背景は雲母ではなく、黄つぶしとなっている。

一方で『大童山文五郎《だいどうざんぶんごろう》の土俵入り』は、写楽による初の相撲絵。「大童山」は出羽国の出身で、七歳ながら七十一キロの体重を持ち、当時、最強を誇った雷電などの力士を驚かせたという少年力士（実際の取組はなかった）。その土壌入りを中央に、写楽は驚く力士たちの様子をユーモラスに描いて

『大童山文五郎の土俵入り』（東洲斎写楽／1794年／相撲博物館所蔵）◉「大童山」は出羽国の出身で、7歳の少年力士。71キロの体重を持ち、当時、最強を誇った力士たちを驚かせた。江戸中で評判になったこともあり、写楽だけでなく、勝川派の絵師や喜多川歌麿もその姿を描いている。

いる。

面白い絵ではあるが、「これが写楽の作品なのか？」と問われると首を傾げてしまう。実は三期の写楽作品は四十四点と多くなっているものの、落款から「東洲斎」の文字が消えていることもあり、これまでの写楽とは別人なのではないかということもいわれている。この急激な変化が、蔦重がデビューさせた「写楽」という絵師の大きな謎ともなっているのだ。

あらためて、東洲斎写楽の正体とは何者だったのか？

写楽の正体として、現在、最も有力視されているのは、斎藤十郎兵衛なる徳島県出身の能役者である。

1844年に書かれた斎藤月岑《げっしん》という江戸の歴史家が書いた『増補・浮世絵類考』には、写楽について「俗称斎藤十郎兵衛、八丁堀に住す。阿波侯（徳島県）の能役者也」という記述がある。月岑は浮世絵の歴史を書くに当たり、過去において蔦屋耕書堂で働いていた絵師にも取材しており、まったく根拠なく書いているわけではない。また1997年には斎藤十郎兵衛を記した過去帳が、埼玉の越谷の寺で発見されており、その実在性は確認された。

何より能役者というのは、仕事がないときに、バイトで歌舞伎の囃子方として演奏することもある。仮に四国出身の役者だった彼が写楽だったとすれば、上方で人気の役者たちに精通していたことも納得がいく。役者それぞれの個性も、本人を間近で見ていたゆえに描けたのだと考えられる。

とはいえ、日本が生んだ四大浮世絵師の一人が、それまでまったく素人の役者だったというのは、やはり疑問が残る。そこで写楽の正体については、途中で替わったという説も含め、喜多川歌麿、葛飾北斎、歌川豊国などのビッグネーム絵師から、山東京伝や十返舎一九などの絵も描ける戯作者、さらには他ならぬ蔦重本人や複数人が絡んだプロジェクトなど、さまざまな考察が行なわれている。

この問題はこれからも、日本絵画史における最大の謎の一つであり続けるだろう。

第3期の特徴

- 合計44点と、多数の作品を発表
- 相撲（力士）など他ジャンルにも挑戦
- 署名から「東洲斎」の文字が消えるなど、別人疑惑も指摘されている

三代目《さんだいめ》市川《いちかわ》八百蔵《やおぞう》の曾我《そが》の十郎祐成《じゅうろうすけなり》

１７９４年11月に第三期作品を発表して以後、東洲斎写楽が活動を終了する間までに発表された作品が、写楽の四期目の作品である。この時期、役者絵の数は少なくなり、一方で相撲絵など他ジャンルの作品の割合が増え、肉筆画なども描くようになった。

その役者絵は連続した背景の細判のみであり、これがあの写楽の作品なのかと思うほど、無構成で形式化したものとなる。時代物が得意であった役者「三代目市川八百蔵」が演じる、仇討ち劇の主人公、曾我の十郎祐成は、本来ならば迫力ある若き武士であるが、写楽四期の作品にそんな勢いはない。

じつは十ヶ月のみの活動と言いながら、デビューから一年が過ぎた１７９５年の六月の興行においても、写楽の署名がある役者絵は発見されている。しかし時代が後にいくほど作品の劣化は否めず、数が減っていることからは、彼の作品が売れなくなっていったことが想像される。

写楽の活動時期が短かった理由は、おそらく蔦

『三代目市川八百蔵の曾我の十郎祐成』（東洲斎写楽／1795年／アメリカ・シカゴ美術館蔵／Photography ©The Art Institute of Chicago）◉三代目市川八百蔵は、多くの絵師が役者絵を描いた人気役者。その中で第4期の写楽の絵は、もはや個性を失い、目立たない作品になってしまっている。それでも彼のネームバリューのある作品は世界各国で愛され、現在は世界中の美術館で保存されている。

重の営業的な判断だったのではないか。すでに力強い作品を残した第一期と写楽が別人になっているとすれば、蔦重が作品の継続にこだわらなかったのも当然であろう。

寛政の改革で大打撃を受けた蔦重が、起死回生のためにデビューさせた、まったく新しいタイプの浮世絵師・東洲斎写楽。果たしてその試みは、成功したのだろうか？

インパクトのあるデビューとしては、おそらくは大成功だったのだろう。個性的な写楽の第一期作品は、ふだん役者絵を購入しない層に絶賛され、洒落たアートしてヒット作になった。

しかし、この新基軸は役者を含めた歌舞伎界はもちろん、既存の歌舞伎ファンに受け入れられるものではなかった。だから蔦重も世の中のニーズに迎合せざるを得なくなると同時に、どんどん写楽の作品は没個性化し、質の低いものとなり、あげく売れなくなっていった。つまり、ビジネスとしては、「失敗した」と言わざるをえないだろう。

写楽の終了から二年後、新たな起死回生のアイデアを打ち出すことなく、蔦屋重三郎は四十八歳という若さで、脚気により、この世を去った。蔦重は、東洲斎写楽という、人生の最後に手がけたプロジェクトで負けたことになる。しかし現代の視点から見たら、どうであろう？

江戸が終わり明治時代になってから、アメリカ人のアーネスト・フェノロサやドイツ人のユリウス・クルトなどの美術評論家が東洲斎写楽の浮世絵に魅了され、世界各国に紹介した。そして海外では、浮世絵の大ブームが起こる。その波は日本に逆上陸し、写楽は日本が誇る天才画家として、価値が再認識されることになったのである。その圧倒的評価は、現在も衰えていない。

もとは追い込まれていた蔦重が、世の中を驚かせようとしかけたアイデア。それが江戸の世どころか、世界を動かすことになったのだ。彼にしてみればまさしく、「してやったり」だったのではないだろうか。

第4期の特徴

- 役者絵の数が減る
- 役者絵からデビュー当初のような勢いやインパクトが薄れ、没個性な作風に
- 相撲絵など役者絵以外のジャンルの作品が増え、肉筆画も描くようになる

第七章

蔦重没後の展開

椿説《ちんせつ》弓張月《ゆみはりづき》

1797年の5月、蔦屋重三郎は、四十八歳という若さで世を去る。忙しさのあまり不摂生になった生活がたたったのか、死因は「贅沢病」とも称された脚気であった。

蔦重最期の起死回生プロジェクトとなった、東洲斎写楽の登場。結果的にはこれが失敗し、蔦重はそれ以後、世を驚かす企画を打ち出すことはなかったのだが、実は死の前年、彼は本居宣長《もとおりのりなが》の著作の版元に会うため、旅に出ている。このことから、地本問屋に止まらず、学術書も扱う書物問屋との統合を目指したのではないかと考えられる。

死後しばらくして、蔦屋耕書堂は江戸を席巻する二大スターを世に送り出すことになる。その一人は、日本が世界に誇る浮世絵師・葛飾北斎。もう一人は今なお多くの読者を獲得する、長編ファンタジー作家・曲亭馬琴である。この2人の出会いは、まさに蔦重が演出したものだった。

葛飾北斎は、すでに役者絵の大家として紹介した勝川派創始者・勝川春章の弟子であり、もともと勝川春朗を名乗っていた。そのころから彼は蔦屋耕書堂にも出入りし、蔦重は彼に絵師の仕事も依頼している。

しかし蔦重が幕府の禁制を受けて丁々発止《ちょうちょうはっし》していたころ、北斎は勝川一門と折り合いが悪く、迷走している時期だった。一説には勉強熱心な彼が、別流派の絵を次々と取り入れたからとされる。

一方で曲亭馬琴もまた、迷走を経験した人物であった。武家に生まれながら、青年のころから作家になることを夢に見て、山東京伝に弟子入りを志願。断られはしたが蔦重を紹介され、見習いとして蔦屋耕書堂で働くことになる。しかし真面目で武家出身のプライドが高かった彼は、なかなか町人の生活に馴染めない。やはり迷走しながら執筆を続けていたのだ。

そんな二人は蔦屋耕書堂で出会い、ともに仕事をするようになる。彼らの最初の仕事は、『花《はなの》春《はる》虱《しらみの》道行《みちゆき》』というもの。そのころに勝川春朗は、馬琴から「北斗七星が天上で最も強い星だ」と聞かされ、のちにそれが「北斎」の名前の由来になったという（北斎とは、日蓮宗における北極星と北斗七星の呼び名）。

やがて蔦重亡き後の1807年、馬琴が北斎にあらためて挿画を依頼し、大ヒットになったのが『椿説弓張月《ちんせつゆみはりづき》』という長編小説である。保元の乱で大島に流された源《みなもとの》為朝《ためとも》が、琉球に渡って国を作り上げるという大冒険物語であった。江戸においては、後の『南総里見八犬伝』よりも、よく知られていた作品だったという。

北斎は馬琴の家に住み込み、一時は作家と絵師として二人三脚の仕事をしていく。ただし、たえず挿画に自己流解釈を加える北斎と、馬琴はしばしば意見が対立し、仕事のたびに喧嘩を繰り返す。やがて二人は1812年の『占夢《ゆめあわせ》南《なん》柯《か》後記《こうき》』という作品で決裂し、お互いに独自の道を歩むことになっていった。

それでも『椿説弓張月』をきっかけに、北斎は世界でもトップレベルに属する有名な画家となり、馬琴は『里見八犬伝』で知られる大ファンタジー作家に成長するのである。長い道のりがかかりはしたが、二人を結びつけた蔦重の仕込みが、ようやく花開いたということではないだろうか。

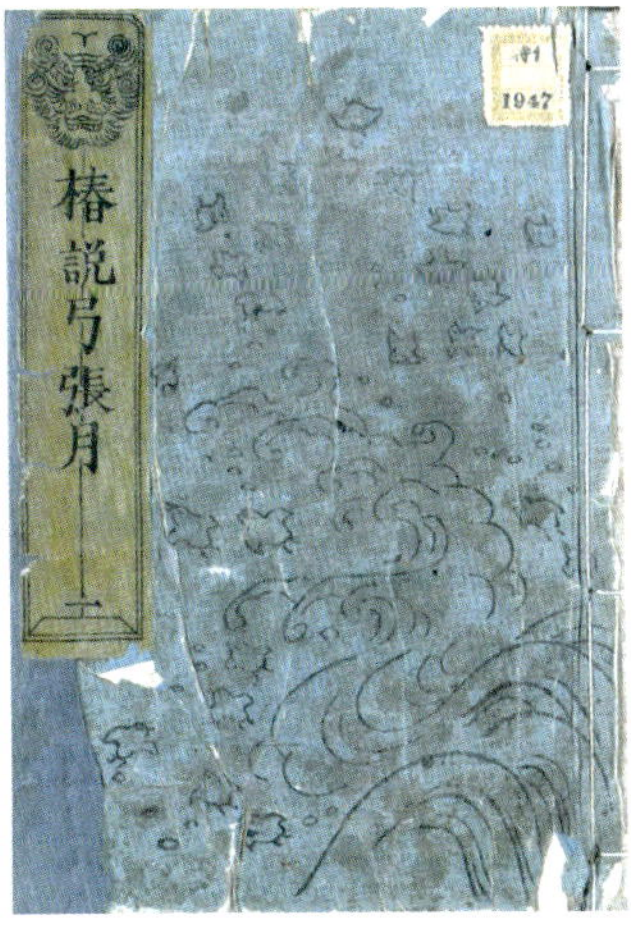

『椿説弓張月 28巻』（曲亭馬琴ほか／ 1807-1811年／所蔵：国立国会図書館デジタルコレクション）◉挿画は葛飾北斎。保元の乱で大島に流された源為朝が、琉球に渡って国を作り上げる冒険談で、2人の名を江戸に轟かすベストセラーに。「読本」のブームが長編の執筆を可能にした。

南総《なんそう》里見八犬伝《さとみはっけんでん》

全九十八巻からなる計一〇六冊。曲亭馬琴が四十七歳から七十五歳までの長い歳月をかけて執筆した長編ファンタジーが、有名な『南総里見八犬伝』だ。現代でも映画やアニメ、小説や漫画になっている、読者の多い作品である。

物語は、仁、義、礼、智、忠、信、孝、悌《てい》のそれぞれの玉を持った「八犬士」という戦士たちが里見家のお姫様の下に集い、正義を貫くため共に戦うもの。この「仲間と一緒に悪と戦う」構造は、現代まで多くの作品に取り入れられており、鳥山明が漫画『ドラゴンボール』を描くにあたっても、『南総里見八犬伝』をヒントにしたとされる。

述べたように、曲亭馬琴は二十四歳のときに山東京伝の下を訪ね、蔦屋耕書堂で見習いをするようになった作家志望の元武士。一方で蔦屋耕書堂はといえば、吉原を起点とし、洒落本《しゃれぼん》や春画、あるいは幕府への皮肉など、現代的には少々いかがわしい部類の著作を得意としていた版元である。馬琴のような王道テーマを貫く作家が育ったのは、少し不思議に見えるかもしれない。彼が師と仰いだ京伝も、まさに「公序良俗に反する」として、幕府から罰されるような戯作者だった。

実際、馬琴の堅物ぶりには、蔦重も京伝も、手を焼いたようである。

「一字の間違いもあってはならない」ということで、やたら文章を修正する作業に時間がかかってしまう。起きる時間も寝る時間も常に決めた通りに実行し、食事も決まった時にしか食べない。それでいて元武士のプライドが高く、周囲に頭を下げている自分を常に恥じている。
だから京伝は彼を弟子にせず、友人として仕事を頼みながら、馬琴に執筆の修行をさせた。蔦重も彼の才能を感じ取ると、版元に住み込みで働くのでなく、履き物商の未亡人との縁談を馬琴に勧める。「商人ではあるけれど、誰かのもとで働くわけでないから、お前にとってはいいのではないか」ということだ。

そんなふうにして独自の道を切り開いていった馬琴。蔦重亡き後で、真っ先に行なったのが関西への旅行だという。

その際に京伝は「困ったときはこれを売れ」と、自身が北尾政演《まさのぶ》として描いた絵を渡す。中には相当に、いかがわしい春画も含まれていたという。

蔦重に、京伝に、葛飾北斎にと、多くの江戸の知恵者から才能を認められ、自由な空気の中で、長きにわたって構想を練り続けた結果、日本が世界に誇る、長編エンターテイメント作品が誕生した。しかも作家が文章を書くことで収入を得られるという、蔦重は敷いた路線があったからこそ、彼も書き続けることができた。未来の出版業界を、蔦重はしっかり見定めていたのである。

なお、馬琴は後年に失明し、執筆が困難となった。しかし息子の妻だった、お路という女性が口述筆記を行ない、『南総里見八犬伝』を最終話まで完結させている。

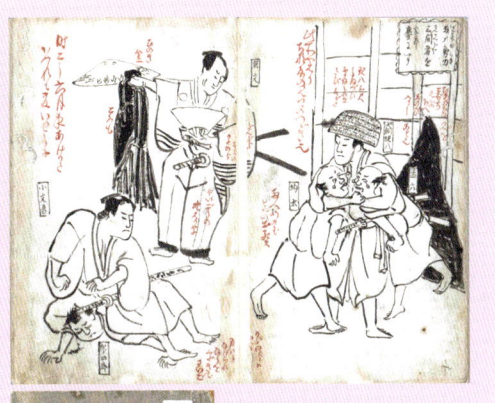

『南總里見八犬傳』（曲亭馬琴／1820年／東京都立図書館所加賀文庫所蔵）◉現代でも映画やアニメなどの題材になり、新しいアイデアの作品が創られ続ける『南総里見八犬伝』。「正義のために仲間たちと闘う」という構造は、あらゆる現代における冒険ファンタジーのテンプレートとなった。

冨嶽《ふがく》三十六景《さんじゅうろっけい》

日本人であれば、おそらく誰もがどこかでその作品を見ているであろう『冨嶽三十六景』。2024年から使用されている新札千円にも、シリーズの一つである「神奈川沖浪裏」が使用されている。

「三十六景」と言いながら、合計で四十六図が版行されている。あまりの人気だったため、十図が追加されたのである。

『冨嶽三十六景』は、大器晩成型の北斎が、七十歳になってから満を持して本格的に挑戦した富士山の画集。これによって彼の名は不動のものとなり、後に世界でも最も有名な画家の一人となっていく。先の「神奈川沖浪裏」こと「The Great Wave」を、「モナリザに次いで世界で二番目に有名な作品」と評価したのは、かつてのニューヨーク、メトロポリタン美術館の館長だった。

そんな葛飾北斎が蔦屋重三郎と出会ったのは、まだ二十代のとき。勝川春章に弟子入りし、勝川春朗を名乗っていた時期だった。

蔦重が幕府と対立し、あげく四十八歳の若さで死去したころ、北斎はすでに勝川派と決別し、画号をあれこれと変えながら作風を模索している時

『冨嶽三十六景・神奈川沖浪裏』（葛飾北斎／1831年頃／出典：ColBase https://colbase.nich.go.jp/）◉新1000円札でも使われる、日本で一番有名な絵画作品。三艘の船は房総半島から江戸に海産物を運ぶ押送船で、実際に神奈川沖から見えた風景なのかにはさまざまな異論がある。2024年、クリスティーズのオークションでは、版画1枚でおよそ4億円の値段がついた。

期だと述べた。ちょうどそれが東洲斎写楽の活躍する時期と重なっていることで、「写楽の正体は北斎だったのではないか」という説は古くからある。

いずれにしろ試行錯誤の時代を経て、19世紀には「葛飾北斎」を名乗る偉大な画家が生まれる。その後押しをしたのは、番頭が店を継ぎ、二代目蔦屋重三郎となった後の他ならぬ蔦屋耕書堂であった。この版元から、北斎は馬琴の作品の挿画のほか、『画本東都名所一覧』や『画本狂《えほんきょう》歌山満多山《かやまたやま》』などのイラスト主体の黄表紙を手がけていく。

P33で紹介した『画本東都遊《えほんあずまあそび》』もその一つ。リニューアルされて出版された絵本には、賑やか

な日本橋の蔦屋耕書堂の様子も描かれている。蔦重とともに仕事をし、未来を思い描いていた時代を北斎は回顧していたかもしれない。

やがて北斎は蔦屋耕書堂を離れ、全国を旅しながら風景画を主体とした絵を描くようになる。それは引っ越しばかりを繰り返した彼のライフスタイルにも合っていたのだが、次第に孤高の絵師として、自身の地位を確立していった。

１８１４年に名古屋の永楽屋から刊行し、その後六十年以上、版元を変えながら人生を終えた後まで発行し続けたのが『北斎漫画』である。十五編に及ぶ巻に収録された作品は、全部で四〇〇〇点。絵手本、すなわち絵の入門書の形をとりながら、彼は描きたいものを描き続け、九十歳までの長い人生をまっとうした。

そんな北斎をサポートしたのが、彼の二度目の妻の娘だった「お栄」という女性。あるいは年齢的に、北斎の実の娘ではなく、妻だった「こと」の連れ子だったかもしれない。

北斎は彼女をアゴと呼んでいたが、彼の仕事を手伝いながら才能を開花させ、葛飾応為《おうい》という絵師に大成する。美人画に関しては、「自分より彼女のほうが上手だ」と北斎は応為を評価していた。

『冨嶽三十六景・凱風快晴』（葛飾北斎／1830-1832年頃／出典：ColBase https://colbase.nich.go.jp/）◉「赤富士」とも言われる有名な作品だが、この富士山が山梨側なのか、静岡側なのかは結論が出ていない。「神奈川沖浪裏」「山下白雨」と合わせ、「三大役物」と呼ばれる。

東海道中《とうかいどうちゅう》膝栗毛《ひざくりげ》

弥次・喜多のドタバタ旅行喜劇、『東海道中膝栗毛』の著者である十返舎一九も、蔦重が育て、その死後に大成した人物の一人だ。

一九は、「日本で初めて職業作家として、文筆業のみで生活ができた人物」として知られている。それは当人が「机のそばに版元の編集者がいて、原稿の完成を今か今かと待っている」という記述を残しているからだが、それだけ彼は人気作家になったということである。

実際、『東海道中膝栗毛』の最初のシリーズが、１８０２年から１８０４年の十二年間で九編。『続膝栗毛』が１８１０年から１８２２年の十二年間で十二編と、「出せば売れる」といった状態であった。現代であれば、ハリーポッターシリーズや漫画の『ワンピース』のようなものかもしれないが、それだけ江戸の町人は『膝栗毛』を愛したのである。この「著者に原稿料を払う」というシステムも、もともとは蔦重が作ったものであるから、まさに十返舎一九は〝蔦重が作り上げた作家〟と言えるのかもしれない。

そもそも一九と蔦重が出会ったのは、彼が三十代でフリーターをしていたとき。もとの名を重《しげ》田《た》貞一《さだかつ》と言い、駿河出身の武士だったというが、二十代のときに浄瑠璃作家を目指して大坂に出て、材木商の婿となる。ただ、商人の生活が割に合わず、やがて離縁し、江戸でその日暮らしをするようになった。

そんな青年を蔦重はなぜか気に入り、蔦屋耕書堂に住み込みで働かせたのである。器用な彼は、

やがて木版も彫れば、製本もし、イラストも描き、もちろん文章も書くというオールマイティな出版人になっていく。ちなみに彼がデビューしたのは、1795年の『心学時計草《しんがくとけいぐさ》』という作品だった。『東海道中膝栗毛』の主人公である弥次郎兵衛は、五十代で狂歌などに通じた文化人。二十歳下の喜多八は、彼に憧れて、居候した人物。その関係は、どこか蔦重のもとに住み込んだ一九を想像させる。ただし本編八作を書き上げた後、一九は「東海道中膝栗毛　発端《はじまり》」で彼らの出会いの発端を著し、二人を駆け落ちしたゲイのカップルに設定してしまった。これにはファンも驚いたことだろう。

　大ヒットした『東海道中膝栗毛』であるが、実は蔦重亡きあと、蔦屋耕書堂を任された二代目・蔦屋重三郎は、その出版を断っている。「お前の作品は、売れた試しがない」というのが、その理由だった。

　十九の作品を引き受けたのは、村田屋次郎兵衛という新鋭の版元で、「挿画に執筆に印刷まで、彼ならばすべてを一人でやってしまうから安く済む」という理由で、『東海道中膝栗毛』を出すことに決める。その村田屋こそ、蔦重も実現できなかった「本の全国販売」を実現した人物であり、蔦重が作りあげた下地は、やがて全国の読者を巻き込んだ出版業界の活性化へとつながっていったのである。

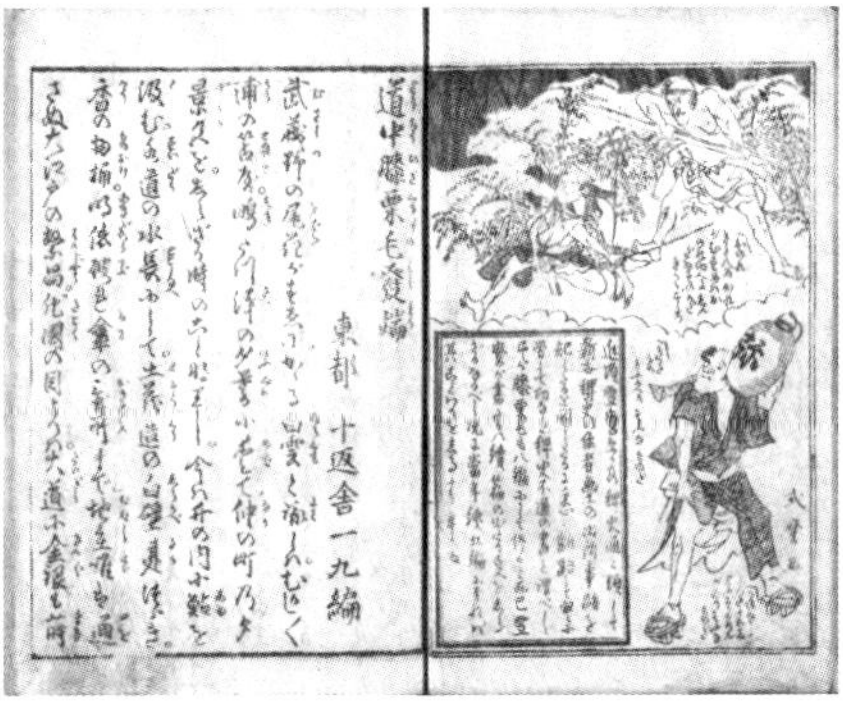

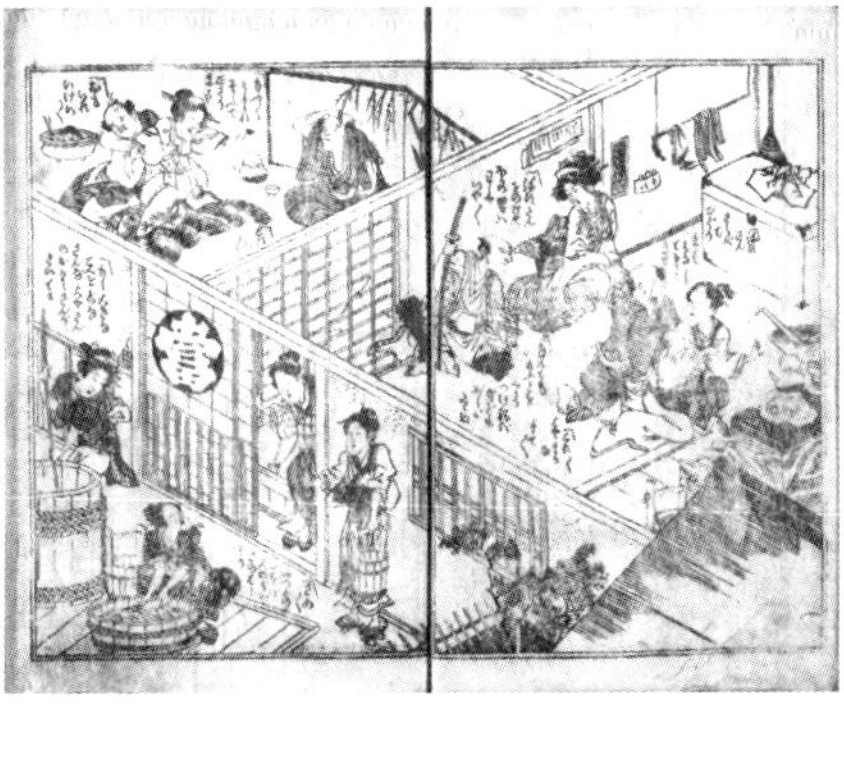

『道中膝栗毛 8編続12編』（十返舎一九／1802-1814年／所蔵：国立国会図書館デジタルコレクション）◉20年にわたって人気作品であり続けた『東海道中膝栗毛』。作者の十返舎一九は、蔦重の下で年に20冊もの本を書き、印刷から挿画までなんでもこなすマルチ出版人として育てられた。